李象益教授几十年坚持不懈从事科普实践，推动科普理论创新，抒写了精彩的科普人生，是我国科普界杰出代表和学习榜样。

中国科学院院士 刘嘉麒

开物成务践行科学理念，含英咀华传播创新思维。

祝贺李象益教授《科普年华》一书出版

中国科学院院士 欧阳自远

科普年华

联合国"卡林加科普奖"获奖者李象益

季良纲 著

科学普及出版社
·北京·

图书在版编目（CIP）数据

科普年华：联合国"卡林加科普奖"获奖者李象益 /
季良纲著. — 北京：科学普及出版社，2018.9
　ISBN 978-7-110-09795-3

Ⅰ.①科… Ⅱ.①季… Ⅲ.①李象益–生平事迹
Ⅳ.①K826.1

中国版本图书馆 CIP 数据核字 (2018) 第 061439 号

策划编辑	杨虚杰
责任编辑	赵慧娟
特约编辑	尹传红　马之恒　汪　静
装帧设计	马术明
责任校对	焦　宁
责任印刷	马宇晨

出　　版	科学普及出版社
发　　行	中国科学技术出版社发行部
地　　址	北京市海淀区中关村南大街 16 号
邮　　编	100081
发行电话	010-63583170
传　　真	010-63581271
网　　址	http://www.cspbooks.com.cn
开　　本	787mm×1092mm　1/16
字　　数	200 千字
印　　张	14.75
版　　次	2018 年 9 月第 1 版
印　　次	2018 年 9 月第 1 次印刷
印　　刷	北京盛通印刷股份有限公司
书　　号	ISBN 978-7-110-09795-3 / K · 164
定　　价	68.00 元

（凡购买本社图书，如有缺页、倒页、脱页者，本社发行部负责调换）

序

我与象益先生初识是在 2006 年，当时，我刚调任中国科技馆馆长，正值中国科技馆新馆建设的起步阶段，面临的头绪多，工作繁杂。我多次请教象益先生，象益先生不吝赐教，多次就中国科技馆新馆建设出谋划策。在我进入科协书记处分管科普工作后，我每年也多次与象益先生沟通交流，从象益先生身上学到了很多好思路、好办法，他对科普的执着与激情更是激励我攻坚克难、不断探索。

很高兴看到这本《科普年华》，较完整地展示了李象益先生几十年坚持不懈从事科普、热爱科普、钻研科普的人生历程。我愿意为此书作序，一则表达对象益先生的敬意；二则希望更多的科技界朋友从中获得启迪，了解科普，从事科普，热心科普，领悟科普的真谛，共同谱写新时代科普事业新篇章。

党中央高度重视科普工作。习近平总书记从 2008 年起，连续 5 年参加全国科普日活动。习近平总书记在 2016 年"科技三会"上强调，科技创新、科学普及是实现创新发展的两翼，要把科学普及放在与科技创新同等重要的位置；没有全民科学素质普遍提高，就难以建立起宏大的高素质创新大军，难以实现科技成果快速转化。习近平总书记的讲话前所未有地将科普事业摆在事关国家创新发展全局的战略高度。党的十九大报告明确指出，倡导创新文化，弘扬科学精神，普及科学知识，大力提高国民素质。不久前，习近平总书记在中央财经委员会第二次会议上再次强调，要广泛开展科学普及活动，形成热爱科学、崇尚科学的社会氛围，提高全民族科学素质。习近平总书记和党中央对科普工作的指示精神，为新时代科普工作指明了方向。进入新时代，中国科普事业肩负着神圣使命，满足人民群众对美好生活的向往，让公众理解科学，让科学普惠人民，持续提升全民科学素质，方能构筑未来发展新优势、厚植国家创新发展的科技和人力资源基础。

科普是建设创新型国家和世界科技强国的基础支撑。当前，新一轮科技和产业变革深刻改变着当今世界发展的战略走向和竞争格局，深刻影响着人类生产生活方式和社会治理方式。创新驱动社会生产力快速跃升，人才成为发展的第一资源，人才的涌现源于强大的公民科学素质和创新文化积淀，大众创业、万众创新更需要科学精神和科学方法在全社会的广泛传播和弘扬，成为民众自觉追求的价值风尚。习近平总书记提出了我国建设世界科技强国"三步走"的战略目标，这就要求我们不仅要在科技、产业等重要领域抢占制高点，更要在国民科学素养、人才质量、创新文化等方面形成强大软实力。

科普是繁荣中国特色社会主义文化的重要动力。中华文化在与近代科技发展的相互激荡中不断丰富着科学精神和科学思维的内涵，一代代中国科技工作者在追求科技进步、服务国家人民的伟大实践中，孕育发展的中国科学家精神，已成为中国特色社会主义文化的重要组成部分。当代中国，科普不仅肩负着弘扬科学精神，普及科学知识，提升公民科学文化素质，增进民生福祉、实现人的全面发展的使命，更是弘扬社会主义核心价值观、建设中国特色社会主义文化的关键力量。

科普是推动构建人类命运共同体的重要途径。在加强"一带一路"建设、推动构建人类命运共同体的进程中，科普作为展现国家科技和文化软实力的重要载体，担负着越来越重要的职责使命。科学普及是民心相通的重要桥梁，以科普为纽带，基于和而不同、兼收并蓄的理念开展丰富多彩的科技人文交流，在互利共赢中求取最大公约数，就可以在构建人类命运共同体中提供更多的中国方案，为促进全球公民科学素质提升贡献更多的中国智慧。

科普是一门综合性学问，从事科普工作让人生充满精彩。科普工作与科学知识体系密切相关，还与教育学、心理学、传播学、表演学等相关学科都有联系。一个优秀的科普工作者，不仅要具有渊博的科学知识，娴熟地掌握传播技巧，还要具有较强的组织能力、动员能力，更为重要的是要有一种对科普充满热情、乐于奉献的情怀，一种坚持坚持不懈、追求卓越的精神。科技工作者是科学普及的第一战略力量，科学普及是科技工作者的重大社会责任。科技工作者积极参与科普活动，是科技工作者的责任和义务，也是全社会对科技工作者的期待。

李象益先生是一位集优秀科技工作者与卓越科普工作者于一身的大成者。他原是一位从事航天发动机教学与研究的教授，不惑之年转型成为一位科技教育、传播与普及的实践者，走过了一段非凡的旅程。三十多年来，他敬岗爱业，默默奉献，坚持不懈地从事科普事业，成为科学中心理念的实践者、科普教育理论的探索者。他多次主持重大科普规划、计划的起草，开创性地将科普事业推向了一个高潮，多次荣获优秀科普工作者等科普相关荣誉称号。2013年他荣获联合国教科文组织颁发的"卡林加奖"，这是国际科普同行公众的"科普诺奖"，成为我国获得这一殊荣的第一人。他从科研到科普的成功事迹，得到了国际同行的高度肯定，为中国科普事业争了光！

今年是贯彻落实党的十九大精神开局之年，是改革开放40周年，是决胜全面建成小康社会、实施"十三五"规划承上启下的关键一年，也是中国科协成立60周年。中国的科普事业，需要一大批像象益先生一样的熟悉科研工作、懂得科普的科技工作者，热心科普、投身科普、创新科普，以时不我待、只争朝夕的精神投入科普事业，点燃科普激情，尽展各自所长，积极参与各项科普活动，共同推进我国科普事业再上新台阶，再创新作为，为建设世界科技强国、实现中华民族伟大复兴中国梦，为构建人类命运共同体发出更多中国科普人的时代强音！

  这一本《科普年华》，平实记录了象益先生几十年如一日、坚持不懈从事科普的人生历程，体现了他对科普事业饱含的一往情深、孜孜不倦的理想追求。他精彩而丰厚的科普人生，是一笔宝贵的精神财富，能给广大科普工作者和科技工作者以启迪与精神感召，它真切地告诉人们，科普人生可以有这样的充实、有这般的精彩！

  是为序！

2018年6月

目录

序　　　　　　　　　　　　　　　　　　　　　　　　　*1*

第一章　"科普诺奖"花落中国　　　　　　　　　　　001
　　・中国人捧起"科普诺奖"
　　・"我眷恋着这个事业"
　　・载誉归国掀起科普"正能量"
　　・走进中南海紫光阁
　　・科普历程折射家国情怀

第二章　火热的少年时代　　　　　　　　　　　　　014
　　・暂居蜀中，继承优良家风
　　・国家新生，点燃少年激情
　　・多彩初中，锤炼爱国之心
　　・三中求学，感恩老师教导
　　・"我要上北航！"

第三章　铸造翱翔蓝天的利剑　　　　　　　　　　　028
　　・"做未来的红色航空工程师！"
　　・初尝科技攻关乐趣
　　・留校踏上科研之路
　　・首次亮相国际舞台

第四章　步入"科普人"的行列　　046

- 科普人生从太仆寺街开始
- 从科技展览馆到科学中心
- 中国科技馆奠下基石
- 大洋彼岸刮来的旋风
- 信息技术展览揭示科技革命
- 创建新型科普教育阵地
- "科学中心"在中国生根

第五章　吕梁"支教"情难忘　　070

- 盛夏家访凝聚支教队伍
- 读懂"无字的书"
- 最好的社会大学
- "一切为了老区的明天"

第六章　走进科普新天地　　085

- "走出去"与"请进来"
- 站在农村经济体制改革的前沿
- 让"能人效应"发扬光大
- 闪烁在企业的"讲理想，比贡献"
- 将"金桥工程"推向全国
- "厂会协作"会诊企业难题
- 开展首次公民科学素养调查
- 首次"公众理解科学"国际会议
- 参与起草第一个政府科普文件

第七章　建设创新的二期新馆　　110

- "我愿重回科技馆"
- 展厅蜕变，重振信心
- "跑断了腿也要上二期"
- 科学泰斗的无私情怀
- "以全新思路建设二期"
- 打破学科界限的新展厅
- 调查和体验是创新之本
- 走社会化办馆之路
- 不忘培养研发与创新人才
- "生命螺旋"开馆轰动京城
- "科技馆就是我的家"

第八章　永不退休的科普人　　141

- 为自博协引入"新鲜血液"
- 信得过的"知心谋士"
- 创办北师大科普研究中心
- 理论新风提升科普水准
- 担任政府科普顾问
- 推动科研资源科普化

第九章　活跃于国际科普舞台　　170

- 国际博协第一位中国执委
- 申办国际博协大会
- 发起创建世界科学中心及亚太科学中心协会
- 活跃的民间"科普大使"

第十章　科普教育理论建设的耕耘者　　　　　*187*

- 践行"科学中心"理念落地中国
- 提出创新方法推进"深度教育"
- 紧跟时代步伐　传播创新理念

第十一章　科普征程扬帆再起　　　　　*202*

- 载誉归来掀起"李象益热"
- 永不退休的科普人
- 印度之行传播中国科普之声
- 科普永远在路上

附录一　**李象益大事年谱**　　　　　*215*

附录二　**心语：传主的话**　　　　　*220*

第一章 『科普诺奖』花落中国

"Boanoite！"葡萄牙语"晚上好"的问候声，在巴西里约热内卢国际会议中心的金色大厅里回荡。

这一天是2013年11月24日，被誉为"科普界诺贝尔奖"的联合国"卡林加科普奖"，在创办60年后，迎来了首位中国得主。当李象益从联合国教科文组织总干事伊琳娜·博柯娃女士手中接过奖状和镌刻着爱因斯坦头像的银质奖章时，他便与路易·德·布罗意公爵、伯特兰·罗素伯爵、阿瑟·克拉克等一大批科学传播领域的伟人并列。

让我们从这个荣耀的时刻开始，回溯一段难忘的历史，去采撷那些既属于李象益本人，又属于当代中国科普事业的宝珠。

中国人捧起"科普诺奖"

巴西城市里约热内卢在葡萄牙语中的意思是"一月的河";按照中国人的习惯,只取"里约"两字以示亲切,就只剩下"河"的含义了。作为世界上第一个同时拥有世界文化遗产和自然遗产"封号"的城市,这里有巨型的基督像、葡萄牙王室创建的植物园以及山海交融的科帕卡巴纳海滩。来自历史长河不同时代的人文与自然景观在这里汇集,呈现着令人惊叹的"非凡的融合"。

2013年11月,南半球的仲春之际,也是里约在一年里最漂亮的季节,到处绿树成荫,鲜花怒放。这个以热带雨林、足球、桑巴舞蹈

↑ 里约热内卢耶稣山

"我眷恋着这个事业"

"Boanoite！"一位满头银发、精神矍铄的长者，本届卡林加科普奖得主，来自中国的李象益教授，迈步走上讲台，用刚学会的葡萄牙语，向在场的各国政要和科技界人士发出"晚上好"的问候，一下子拉近了与参会者的距离。在亲切的欢笑和热烈掌声中，他以浑厚而沉着的语调，用英语发表了获奖感言：

尊敬的联合国教科文组织总干事伊琳娜·博柯娃，尊敬的各位来宾，女士们，先生们：

在这个庄严的领奖台上，首先，我要衷心感谢联合国教科文组织和卡林加科普奖评委会给我和我的祖国的荣誉，因为这是中国人第一次获此奖项。我要感谢我的家人和所有与我共同战斗在科普战线上的同志们，没有他们一贯的支持和帮助，就不可能有今天这个殊荣。

> 按照惯例，卡林加科普奖应该是先颁奖，再由获奖者发表感言；或许是主持人过于紧张，以致弄错了仪式的顺序，先请李象益发言，再接受奖章奖状。不过，现场的人们都在关注这个奖项的第一位中国得主，没有发现这个小小的失误。

↑ 李象益教授在第六届世界科学大会开幕式授奖仪式上致辞

我从一个从事航空喷气发动机研究和教学的科学工作者转入了科普这个事业，在过去 30 年的科普生涯中，我做过国家科技馆馆长、自然科学博物馆协会理事长和国际博协执委，我也深入到基层、社区、学校进行过大量的科学传播，这使我越来越体会到，科普教育和科学传播的社会价值，它是一个永远创新、永无止境的事业。因此，也深感这个奖项设立的重要价值。

中国政府在推进经济快速发展的同时，高度重视全民科学普及工作，制定了《科普法》，提出了《全民科学素质行动计划纲要》，科普事业得到了迅速的发展。

在科学技术飞速发展的今天，社会教育、科普教育和科学传播在移动互联网时代背景下，新兴技术的发展将推动科普的目标、理念、内容、方式发生深刻的变革。在我们这个时代，公众对科普的诉求，不仅需要科学的知识，而且要具备科学的思维、科学的思想和方法，科学地生活与工作，并创造美好的未来，科普工作者面临新的挑战。

我今年 75 岁了，但似乎还没有 75 岁的感觉，我依然眷恋着这个事业。前思后想，正是科普事业无穷的魅力，才促使我继续为科普事业思考与探索，这也是我最大的幸福。我衷心地祝愿世界的科普事业迎着时代的曙光，迎接她更加光辉灿烂的未来！

我再次感谢全世界所有支持科普事业的人们，历史将永远不会忘记你们！

话音刚落，热烈的掌声立即响彻整个会场。大会主席、联合国教科文组织总干事伊琳娜·博柯娃走上前来，亲自给李象益颁发了"卡林加科普奖"：一份获奖证书、一枚银质爱因斯坦奖章和 2 万美元的奖金。精美的奖章正面，镌刻着著名物理学家爱因斯坦的头像；背后

联合国教科文组织总干事亲自给李象益颁发"卡林加科普奖"

则用英文刻着他著名的三大成就：相对论、量子力学和质能方程。

随后，伊琳娜·博柯娃总干事走上讲台，发表了热情洋溢的讲话，对这位来自中国的获奖者赞誉有加：

这是中国人第一次获此奖项，此为终身成就奖，以表彰其在科学普及事业上的卓越贡献。李象益教授历任中国科技馆馆长、中国科学技术协会科学技术普及部部长、中国自然科学博物馆协会理事长等职，致力于科学普及事业。直至今日，李教授仍然活跃在科普第一线，包括担任北京市政府科普工作顾问、北京师范大学科学传播教育中心执行副主任等职。

我敢断言，不仅在中国，而且在全球范围内，李教授仍将一如既往地感召着科学中心和科技博物馆的观众。

我更深信，李教授的确对中国和世界科普事业做出了卓越的贡献，并产生了深远的影响。

鉴于此，作为联合国教科文组织总干事，我再次感谢您所做的贡献，并十分荣幸地授予您联合国教科文组织科普奖——卡林加奖。

热烈的掌声再度响起，人们纷纷站起来，向这位深耕科普领域30年的中国老人表示敬意。

当李象益走下讲台时，正在参加第六届世界科学大会的中国代表团团长、中国科学院院长白春礼第一个走上前来，紧紧握住他的手，兴奋地说："祝贺您，李教授，感谢您为中国人第一次赢得了这个大奖！"

这是对李象益30年科普人生的最高褒奖，不仅是他个人应得的殊荣，也是中国所有科普工作者的共同荣誉，标志着联合国教科文组织对中国科普事业发展的充分肯定。

载誉归国掀起科普"正能量"

初冬的北京，天高气爽，温暖而和煦的阳光，带来北国特有的惬意。

2013年11月26日，李象益带着"科普界诺贝尔奖"首位中国得主的巨大荣誉回国。分管科普工作的中国科协书记处书记徐延豪，中国科协党组成员、中国科技馆馆长束为等领导，带领中国自然科学博物馆协会、中国科协新一代科普工作者，来到北京首都机场迎候。李象益面带笑容走出通道，徐延豪书记将一捧鲜花献上，紧紧握住他的手，连连称赞说："祝贺您获得卡林加奖，为中国人争光！"

欢迎的人群一下子围住了李象益，纷纷向他祝贺。现场一位熟识李象益的科普界人士感慨地说，这位载誉归来的七旬老人，精神饱满，虽辗转搭乘了20多个小时的飞机，一丝劳累也看不出来。始终充满科普激情的李象益，仿佛超越了年龄带来的界限。

曾经担任中国科技馆馆长的徐延豪，对科普工作和长期从事科普

↑ 中国科协徐延豪书记、中国科技馆束为馆长到机场迎接

教育的人有着特殊的感情。对李象益获得卡林加科普奖这件中国科普事业史上的大喜事，他给予了高度评价：

> 联合国教科文组织首次向我国公民颁发科普大奖，不仅是李象益个人的崇高荣誉，也是对我国科普事业发展的充分肯定。李象益以高度的社会责任感和敬业精神，长期从事科普工作，言传身教，不辞辛苦，诠释了人生事业的精彩篇章，给全国科技工作者树立了榜样。

时任中国科普作家协会理事长的刘嘉麒院士专门发来贺信，表达了中国科普界的共同心声：

> 欣闻先生荣获联合国教科文组织2013年"卡林加科普奖"，我谨代表中国科普作家协会以及我本人，向您表示诚挚的祝贺。
>
> 先生投身科普数十年，倾注心血，阐扬科学，为我国的科普事业做出了卓越的贡献。先生此次荣获联合国教科文组织"卡林加奖"，是为我国摘得此奖的第一人，为祖国赢得了殊荣，这既是先生的荣耀，也是我们中国科普同人的骄傲。祝先生老当益壮，科普之树常青。

↑ 在第六届世界科学大会上，依琳娜·博柯娃发表讲话　　↑ 在第六届世界科学大会开幕式后，与外宾合影

获奖归国之后，李象益成了"最忙碌的人"。社会上掀起了"李象益热"，并持续了多年。

李象益获得联合国教科文组织颁发的科普大奖，引发了社会各界对科普的热切关注，也给正在蓬勃发展的中国科普事业注入了一股强劲的正能量。

12月1日、3日，中国科协先后两次召开李象益获奖有关的专题座谈会，来自各个领域的科技工作者、科普工作者汇聚一起，表达对李象益获奖的祝贺，畅谈对科普工作的体会。

12月6日，李象益科普事迹报告会在北京隆重举行。在这个会上，一批学有专长、倾情科普的专家学者，受聘成为"首席科学传播专家"。一时间，"科学家做科普掉价""科普是小儿科"等偏见都被消除。李象益辉煌的科普人生，成为科普的意义与价值的鲜活见证。

科学普及作为一项公益事业，历来受到党和国家高度重视。但是，受到媒体如此广泛的关注，这不能不说与李象益获得国际科普大奖有关。

李象益与中国科学院白春礼院长在第六届世界科学大会开幕式上

走进中南海紫光阁

12月20日，对于李象益来说，这是一个特别值得纪念的日子。北京中南海紫光阁，中共中央政治局委员、国家副主席李源潮亲自接见了他。

上午10时许，在中国科协徐延豪等主要领导的陪同下，李象益静候在紫光阁，李源潮一来到会议厅就热情地上前握手致意，向李象益表示祝贺。随后，李源潮仔细听取了有关李象益30多年从事科普事业，并获得国际科普大奖情况的介绍，连连肯定李象益在科普领域取得的成绩，以及矢志不渝为科普事业孜孜不倦的执着追求。他说，科学普及的重要性不亚于科技创新。科普事业的创新发展，为实现"中国梦"打下了坚实的社会基础。广大科普工作者就应该像李象益一样，把国家需要、人民需要作为人生的追求。要贴近基层、贴近群众需要做科普，传播科学知识，普及科学方法，弘扬科学精神。

原定一小时的会见时间，又延长了45分钟。接见时间是短暂的，李源潮副主席兴致勃勃、侃侃而谈，让李象益倍感温暖。

中国科协书记处书记徐延豪在接见结束后说："党和政府对科普事业的关怀，体现在李象益的科普人生中。他对科普事业的一往情深和孜孜不倦的追求，对全体科普事业的后来人，都是巨大的感召。"

时间进入2014年，"李象益热"话题不断。

1月25日，中国科协八届五次全委会做出《关于表彰李象益同志的决定》，高度评价了李象益的科普成就，号召全国科技工作者向李象益学习。《决定》指出：

"李象益同志在科普领域取得的突出成就，为广大科技工作者和科普工作者树立了光辉榜样，为祖国和人民争得了崇高荣誉。他在30多年的科普生涯中，坚持把提高全民科学素质、促进科普事业繁荣发展作为奋斗目标，矢志不渝地向广大民众倡导科学理念、传播科学知识、普及科学方法、弘扬科学精神。他注重前沿科技资源的科普化，积极把自己的科研成果推广给公众；他注重引进、吸收和创新，开创性地将国际科学中心建设理念运用于科普场馆建设；他注重将科普深度教育创新理念应用于科普实践，推动科普工作为国家经济社会发展服务；他注重研究全民科学素质的内涵与外延，开展我国首届公民科学素养调查，为制定相关政策法规奠定了基础；他注重国际合作，发起组织亚太地区科技馆联盟等，把我国科普工作推向国际舞台。"

概括性的语言，是对李象益不平凡的科普人生的高度凝练，而其中又隐含了多少动人的故事？

科普历程折射家国情怀

李象益的脑海里掠过一串串的回忆。

30年前，自己放弃已经取得一定成就的科研，改行从事面向公众的科学普及工作，同事、朋友、亲人一开始也不理解，甚至有人为他

> 李象益满怀深情地说："经历了30多年的科普实践，我才真正理解了科普的价值。我之所以能够获奖，根本的原因在于国家强大了，科普事业发展了。没有党和政府的推动，任何个人的作为都是渺小的。"

感到惋惜；但是，他坚信自己的选择，始终朝着确定的方向不断前行。

李象益的科普人生渐渐清晰地展现在人们面前：

他曾是一位奋战在航空科研第一线、事业有成的科研人员；

走入科普领域之后，他亲历了中国科技馆创建、开拓、发展的整个过程，走过披荆斩棘、筚路蓝缕的日子，成为一位卓有建树的中国科技馆馆长；他是中国科协科普部长，深入科协基层调研，立足谋划改革发展，为科普事业砥砺奋进；

退休的他，是国际博物馆协会执行局里唯一连任两届的首位中国执委，竭力推动我国科技馆、博物馆界拓展国际交流的民间大使；

他还是一位热心青少年科技教育、视野开阔、思想活跃、积极倡导科普和科学教育新理念创新的专家；他丰富、精彩的科普人生，凸显了一名科普工作者的家国情怀；

他在科普教育理论与实践两方面的成就，成为中国科普事业发展历程中一份宝贵的财富。

古话云："不积跬步，无以至千里；不积小流，无以成江海。"让我们打开尘封的时光，回溯李象益的科普人生。

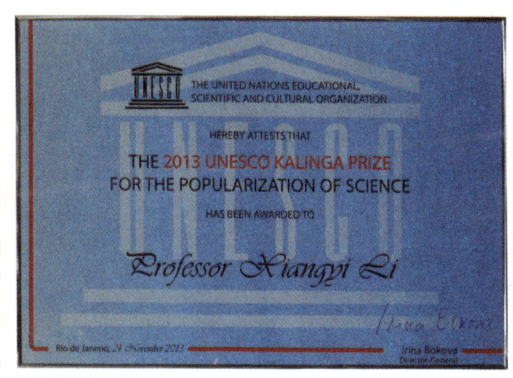

↑ 卡林加奖章　　↑ 联合国教科文组织 2013 年卡林加奖奖状

第二章 火热的少年时代

经历了**抗日战争**、**解放战争**的烽火硝烟，**古老的中国迎来了新生**。许许多多因为战争而颠沛流离的家庭，终于迎来了**久违**的安定。

从**成都**到**兰州**，再到**首都北京**，小学、中学、大学，**李象益**多彩的**青少年时代**，刻印着**那个时代特有的人生烙印**。走进**科学的殿堂**，**为祖国的繁荣**贡献**自己的才智**。在**北京三中**古香古色的院落里，**航空报国的理想在他胸中萌生**。

暂居蜀中，继承优良家风

1938年前后，正是日寇的铁蹄在中国的大地上肆虐，中华民族处于存亡的危急关头。被战祸波及的人们纷纷背井离乡，踏上逃难之路，到大西南、大西北寻找安身之处。

10月30日，在连续遭到日寇敌机轰炸几天后的成都，一场暴雨过后，一个男孩在晨曦里呱呱落地，给在战乱中颠沛流离的李家带来了一丝少有的欢乐。按照家谱，这个男孩应该排在"象"字辈；成都在东汉和三国时期属于行政区划中的"益州"。于是，这个新生命得名"象益"。

李家的祖籍，在今天山东淄博的高青县。李象益的父亲早年外出，一直在山西一带做事。"七七事变"之后，日本帝国主义开始全面侵华，李象益母亲的老家，山西的五台县也被战争乌云笼罩，狼烟遍野，家园沦丧。产后不久的母亲携外婆和不满周岁的五姐，踏上了逃难的征途。在兵荒马乱中，外婆和五姐竟与家人失去了联络，后来都惨死于日寇铁蹄之下。

李家随着逃难人群一路西迁，1937年8月来到了大后方成都，在风雨飘摇中找到了暂时的落脚点。

"忠厚传家久，诗书继世长"的家训，一直是李家的家风和传统。做过私塾老师的祖父，将严于律己和勤奋求知的家规继承下来，并且传给了晚辈。李象益的父亲也有着良好的学养，而且写得一手颜体好

> 他至今还记得，当年练习（用毛笔）写字的时候，常常因为握笔的姿势或坐姿不对，而遭到父亲的训斥；吃饭的时候，他要早早坐在饭桌旁边，等候父母入座并且动了筷子，才开始用餐。

字。不过，因为他早年病退，故而一家大小的生活费用，都要靠李象益的母亲微薄的收入支撑。她毕业于太原女子师范学校，接受过正规良好的教育，后来成为一名优秀的教师。

身处战乱，一家人生活贫困，负担沉重。尽管如此，李象益的父母从未放松过对孩子们的教育，尤其重视砥砺他们的志节，培养独立的精神；在生活习惯和为人处事方面，更是有着近乎苛刻的要求。

年幼的李象益不仅在学识和礼节方面受到了严格的教育，而且养成了认真的性格。待到年龄稍长一些，中国传统文化中的精华开始充盈李象益的头脑。他开始背诵那些传世千年的唐诗，还有汉乐府诗和《古文观止》里许许多多的美文。《桃花源记》《捕蛇者说》《陋室铭》以及著名的汉乐府长诗《孔雀东南飞》……这些童年时代牢记于心的经典，他至今都还能背诵。

国家新生，点燃少年激情

1948年，李家再次搬家，迁到西北地区的大城市兰州。

兰州是古丝绸之路上的重镇，南有五泉山，北有白塔山，中华民族的母亲河黄河穿城而过。"俟河之清，人寿几何？"黄河水多浑浊，少有清时，因而古人将"河清"视为升平祥瑞的象征。交替发生的内战和外敌入侵已经持续了一代人的时间，战乱中的人们，特别期待能有这样的日子。

飘荡多年的李家，终于有了一个相对安稳的居所。跟随家人四处奔波的李象益，从小感受着离乱的痛苦，饱尝了清贫生活的艰难。这种独特的经历，增强了他对和平美好生活的渴望，也激励着他发奋成才的斗志。

  1949年8月，解放战争的形势已经明朗，解放军以雷霆之势进军大西北。第一野战军发起了解放兰州的战役，与国民党将领马步芳的部队在兰州狗娃山展开激战。为堵截西逃的马步芳部队，解放军抢占先机夺取兰州黄河铁桥。25日，市内的战斗在夜晚打响，轰鸣的枪声、炮声此起彼伏，战火映亮了半个兰州城的夜空。那个硝烟弥漫的夜晚，也深深地印在了少年李象益的记忆之中。

  8月26日，国民党军队彻底被击溃，西北重镇兰州获得了解放。群众工作随即展开，饱受战争与离乱之苦的人们，逐渐敞开了已经麻木的心扉，准备迎接渴望已久的和平。

  解放军举行入城仪式的那一天，因为战乱而凋敝的街道，被四处涌来的民众挤了个水泄不通；一声高过一声的口号响彻城市上空。高大威武的解放军骑兵，排成整齐的队列雄赳赳地行进；整座城市在为解放欢呼。人们期待这样的日子，已经太久了！

  历史的洪流，很快将年幼的李象益吸引住了。他也用稚嫩的心灵，以纯真的感情，感受着时代的伟大变革。

  在那些日子里，小小年纪的他也参加了庆祝解放的秧歌队，饰演一名身穿背带裤的工人，他感到无上光荣。还有一次，他跟同学们一道，观看了第一野战军"战火"文工团演出的歌剧《白毛女》。剧中黄世仁、穆仁智的歹毒兽行，让他直观地了解到什么是旧社会，什么是阶级压迫。

  时间飞快地流逝，转眼之间，就到了10月1日，新中国开国大典的日子。那一天，人们从兰州城四面八方涌向最热闹的兰园广场，等着收听电台对开国大典的转播。广场里，红旗招展，人头攒动，热闹场面前所未见。高音大喇叭里传出了毛主席高亢的声音："中华人民共和国中央人民政府成立了！"霎时间，这里仿佛与三千里外的北京天安门融为一体！雷鸣般的欢呼声、口号声、锣鼓声，在广场上响成一片。

少年李象益虽然还不能完全理解"人民""革命""解放"这些词汇的意义，但欢庆的人群仍然让他幼小的心灵深受震撼。他可以清楚地感到，历史正在翻过一页，一个新的时代到来了！

兰州职工子弟小学，成为李象益成长的第一片新天地。

当时的校长名叫田芃，是一位来自革命老区陕北的年轻人，浓眉大眼，总是穿着一身灰制服，脚上蹬着一双黑布鞋。他最喜欢操着浓重的陕北口音，给同学们讲革命故事：刘志丹带领人民闹革命打土豪，三五九旅在南泥湾开垦出"好江南"，张思德为人民烧炭因公殉职，还有延安军民如何进行纺纱织布比赛……说到高兴处，他还会扭起秧歌，动情地唱起那些最动听的革命歌曲。

李象益最喜欢听田校长讲故事。故事里的英雄事迹是那样感人，让同学们肃然起敬，成为他们学习的榜样。李象益至今还记得，每次讲完故事，田校长都要大声发问："听完了英雄的故事，我们应该怎么做啊？"同学们齐声回答："向英雄们学习，争做革命事业接班人！"这时，个子不高的李象益，声音总是最响亮、最高亢，仿佛是从心底里吼出来的。眼前这位投身革命事业、意气风发的田校长，早已成为李象益心中的英雄榜样了。

小学时代的李象益学习努力，成绩优秀，又得益于家学的根底，写得一手好字。他还有一副好嗓子，歌咏比赛得过全校

↑ 小学时代的李象益

第一名。到了小学毕业前后，他多次参加《劳军》等秧歌剧的义演。在反映当年"大生产运动"的歌剧《王秀鸾》中，他扮演一个名叫牛大山的坏蛋，把这个角色演"活"了，惟妙惟肖、传神幽默的表演，让人看了既愤恨不已，又忍俊不禁。几场演出下来，他居然成了学校里的"名人"。

站在中国结束动荡、走向新生的节点上，李象益对未来、对一切都充满了美好的憧憬与期待。

12岁的时候，李象益戴上了红领巾，成为新中国第一批少先队员（当时叫少年队），也告别了自己的小学时代。

多彩初中，锤炼爱国之心

1950年7月，李象益考入西北师院附中，成为一名中学生。

这是一所历史悠久的著名中学，前身为北平师大附中，成立于1901年。抗战开始后，学校一路西迁，师生们跋山涉水，翻过秦岭，迁入陕南城固，而后又转入兰州，在黄河北岸的十里店选定校址，重新建校，并更名为国立西北师院附中。

经过抗日烽火的洗礼，"教育救国"的思想成为同学们刻苦求学

↑ 西北师范大学附属中学

的动力。严谨的治学传统也被这所学校一直保持下来。它秉承"勤慎诚勇"的优良校风,是当时西北地区教育质量最好的中学之一。在这里,李象益不仅打下了坚实的学业基础,还经历了新时代、新社会的磨炼,度过了一段难忘的青春岁月。

新生的革命政权百废待兴,社会运动如火如荼,激发着无限的革命热情与希望。和当年的许多年轻人一样,李象益也被这个充满了奋进激情的时代所感染。他参与到各种各样的社会活动当中,在经受历练的同时,也书写着青春少年的美好梦想。

李象益的姐姐们也是活跃的新时代女性。大姐在新中国成立之初,就担任了西北师范学院学生会主席,后奉调去了刚刚解放的新疆,后来还担任了乌鲁木齐的人大副主任。二姐则在天津解放后的1948年初,离开大学参加了解放军第四野战军的南下工作团。这样的家庭环境,带给了李象益革命理想的熏陶。

上中学后的第一个寒假,李象益就主动到街公所里当"小文书",帮助街道干部写标语、送材料,有时还在街公所里过夜。在这期间,有一件事居然让他出了大名。

> 李象益的母亲,是一位有着强烈责任感和事业心的知识分子。新中国成立后,她加入了中国共产党,还当选了全国文教"群英会"的代表。她的理想追求与人生态度,极大地影响了子女们的成长。她特别鼓励子女们参加各种社会活动,在时代的洪流中磨炼。在母亲的教育引导下,少年李象益的人生之路,始终有着明确的方向。

↑ 初中时代的李象益

当时,兰州正在开展反偷税漏税的运动。根据群众反映,街道里的一个马贩子有经济问题,因此街公所将他叫来进行盘问。不料,这个人可能思想压力太大,回家之后当天晚上就上吊了。邻居们发现后,连忙四处喊人求救。

这天晚上,李象益刚好就睡在街公所里。睡眼惺忪的他,听到有人呼救,就跟着大人们奔向马贩子的家。刚一进门,他就做出了一个惊人的举动,借着煤油灯昏暗的灯光,一个箭步冲到马贩子跟前,抱住他摇晃着的双腿,和大家一起把他放了下来。可惜因为窒息时间太久,这个人早已断气了。

很快,李象益的事迹就在街坊邻居中间传开了。大家都说李家这孩子胆子可真大,连死尸都敢抱。听到邻居们的话,李象益才明白,当天自己拼命抱住的人,竟然已经死了。他有些后怕,一连几天都睡不着觉。班主任老师王松涛知道了这件事,还专门给他进行了一番关于无神论的教育。于是,李象益第一次用科学的眼光,审视自己先前无意义的恐惧。李象益回忆说:"当时,我们每个星期都要写周记,向班主任老师汇报思想。抱过马贩子的尸体之后,我在周记本里写了开始怕黑夜,担心鬼魂来找我麻烦一类的内容。王老师看到之后,教给了我一个克服恐惧的简单的办法,就是凝视'看起来有鬼'的地方,直到眼睛能够适应,夜色就褪去了神秘感。我也逐渐明白,我对黑夜的恐惧,其实不过是一种自我心理暗示。"

在李象益升入初中的时候,朝鲜战争已经爆发。以美国为首的"联合国军"全面介入朝鲜战争并越境轰炸我国东北的城市,1950年10月我志愿军雄赳赳气昂昂跨过鸭绿江。

时过一年,有一次,抗美援朝志愿军归国代表团到兰州做巡回报告,十里店区举行了万人集会。作为少先队员的李象益,代表全区人民向志愿军献花,并朗诵了长诗《献给最可爱的人》。当他有模有样地大声朗诵时,人群里突然发出一阵喧哗,有人还哈哈大笑起来。原来,他因为个子矮,站在凳子上才能够到麦克风;可是他的鞋子前面已经全破了,因此当他站上凳子的时候,"张着大嘴"的鞋子令他的五个脚趾头一览无余。但他却仿佛什么都没有发生一样,高高地昂着头,大声朗诵着:"亲爱的志愿军叔叔,你们是最可爱的人……"这个小小的插曲，正是当年艰苦生活的写照。然而尽管如此，每个人的心中也都充满激情和理想。

20世纪50年代初，为了增加知识分子在军队中的比例，实现军队现代化，国家号召知识分子"投笔从戎"，参加军事干部学校（军干校）。许许多多大、中学生响应号召，争先恐后地报名参加军干校。正读初二的李象益也激动万分，他瞒着父母，悄悄地去报名。可是因为年龄和身高明显不符合要求，他毫无悬念地被军队干部拒绝了。

当那些被录取的参加军干校的同学们，乘坐大卡车从学校到兰州市区集中的时候，李象益看着胸前戴上大红花、满脸喜悦的他们，羡慕极了。他跟着汽车，一口气跑出十几里地，直到汽车到达了目的地。"即使不能参加军干校，我也总可以送同学们一程，这样也是尽了心意了！"李象益这么想。

在那个火热的年代，他心中充满了激情。他热心于各种社会活动，积极参加文艺演出，表演话剧、相声和朗诵。有一回，他表演了老舍编写的《文章会》，一口气背出由几十部话剧、电影、小说的名字串起来的台词，十分出彩，于是大家给他起了个外号叫"相声干部"。英语老师李森特别喜欢这个活泼而聪慧的学生，经常指导他朗诵名著，比如《钢铁是怎样炼成的》一书中，主人公保尔·柯察金的名言"一个人的生命是应该这样度过的，当他回首往事的时候，他不会因虚度年华而悔恨，也不会因碌碌无为而羞耻。这样，在临死的时候，他才能够说：我的整个生命和全部的精力，都献给了世界上最壮丽的事业——为人类的解放而斗争！"他至今记忆犹新。

1952年5月4日，李象益加入了中国新民主主义青年团（中国共产主义青年团的前身），不久，又当选为校团总支的少年委员，负责学校少先队的工作。这年10月，他又被选为兰州市学生代表，参加了陇海铁路天水到兰州段的通车庆典，亲眼见证了这条贯穿中国东西的交通大动脉。在天水开进兰州的第一列火车上，作为全市少先队员的几个代表他遇到了战斗英雄刘四虎，并合影留念，照片刊登在当年《甘肃日报》的头版上。这段经历，让他感到光荣而自豪。

西北师院附中，是李象益在学习上打基础、在政治上逐步成熟的地方。在那个激情燃烧的岁月里，这所学校给他留下了许多美好的记忆。

多年以后，在一次庆祝母校西迁办学60周年的校友会上，他满怀激情地说："（当时我）正值青年时代，迈步人生之旅。我们像一棵棵幼苗，沐浴着雨露的滋润与阳光，在这里学习生活，黄河、水车，煮黄豆、架子床，生活虽然清贫艰苦，但同学们亲密无间，勤奋好学，努力拼搏。'勤、奋、诚、勇'的校训，拼搏进取的精神，时刻感召着我们，成为人生的指路明灯。"

三中求学，感恩老师教导

1953年9月，李象益考入西北师大附中高一后，不久就跟随在北京工作的姐姐，转学到北京市第三中学。

这所坐落于平安里祖家街的名校，已有200多年的历史，它的前身，是清代雍正二年（1724年）建

↑ 北京市第三中学

↑ 高中时代的李象益

立、只收八旗子弟的右翼宗学堂。文学巨匠曹雪芹曾在此供职10年，并构思了位列"四大名著"之一的《红楼梦》；著名作家老舍也曾在这里求学。在北京的百余所中学里，三中的声誉一直很高，优良的学风和传统也广为人知。

进入北京三中的李象益，很快就发现这里与西北师大附中有很大不同：住校的学生很少，因为同学们大多家在北京，放学后就回家了，校园里空空荡荡的，这让他感到有些孤单与寂寞，不过他很快就适应了这种新环境。住校的同学们在晚饭后上自习，每个人都全神贯注地读书，宁静的教室就像没有人一样。李象益也被这样的氛围感染了，他下定决心要比其他同学更加努力。

李象益回忆说："那时候，我有一股拼劲，把时间和精力都放在学习上，不肯放弃每一点可贵的时光。几乎每个周六的晚上，同学们都休息了，我仍然会到教室里伏案读书。我不想辜负在这样一所名校中深造的机缘。"

功夫不负有心人。晚入学一个多月的李象益，不仅跟上了学习进度，而且后来居上。在高二第一学期结束时，他以优异的成绩获得了"北京市优秀学生"的称号。

雄厚的师资，无疑是北京三中最大的优势。高中时代的李象益喜欢观察与思考，因此化学、物理的实验课成为他最感兴趣的课程。当时，他的班主任名叫董学增，早年留学日本，不仅知识渊博，学术造诣深，而且教学方法高超，在当时的北京，是一位颇有声望的化学名师。在化学课上，他常常用逻辑推理、分析的方法，教同学们掌握元素周期表的规律，并以此培养同学们独立思考和解决问题的能力。

物理课程也由一位姓董的老师教授。他名叫董振波，在课堂上严肃认真又风趣幽默，总能给学生带来无穷的求知乐趣。李象益回忆说，董老师擅长把难懂的物理概念用生活化的语言概括出来。比如说，在讲到加速度概念的时候，他就会把"脚踩西瓜皮——滑到哪里算哪里"这句歇后语的后半截，替换成"产生加速度"，用感性的描述来增强同学们理性的认识。不仅如此，他在实验课上还有一个要求，就是一定要让学生自己去做实验来得到数据，一点也不能偷懒。这样做的目的，不仅使同学们经历了实验过程严格的训练，也培养了他们认真和尊重科学的求知态度。

多年以后，李象益仍然对两位老师的教诲心存感激。他说："我在中学时代遇到的两位董老师，都是极富教学经验的名师。当我从事科研进入实验室开展课题研究的时候，才明白当年受到的严格训练，以及由此养成的习惯和严谨态度是多么重要。能够在中学时代遇到这样的老师，是我的一大幸事。"

↑ 两位董老师和北京三中高三（3）班部分同学

北京三中同学在工地劳动

高中时代的李象益,也被来自苏联的电影和文学作品深深地吸引着。《卓娅和舒拉的故事》《钢铁是怎样炼成的》《鼓风炉旁四十年》《远离莫斯科的地方》等小说,他都十分熟悉和喜爱。在这些作品里,无论是鼓风炉旁的工人,还是在苏联偏远地区建造石油输油管道的工程师,都是热爱生活、热爱事业,而且拥有远大人生理想的人。这些作品塑造的战斗英雄和劳动者的形象,使他经常问自己:"未来,我能为祖国做些什么呢?"

"我要上北航!"

高中临近毕业时,班主任董学增告诉李象益一个好消息:学校决定推荐他作为留苏预备生。可是,李象益还来不及庆祝,命运就和他开了一个不小的玩笑,在体检时,他被发现"肺门有一个阴影",需要接受复查。医生分析说,这可能是一种气管疾病,病因则是李象益在冬天坚持晨跑锻炼,伤到了呼吸系统;只要休息一段时间,可望不治自愈。果然,两个月后,李象益通过了体检复查,可是留苏预备生的资格审查已经结束,他的留苏梦想成了泡影。

为了弥补这一遗憾,学校提出了一个方案,由李象益自己选择一所向往的高校,北京三中负责推荐。他高兴极了,当下提出报考北京航空学院（今天的北京航空航天大学，下文简称"北航"），因为那是他最能放飞理想的地方。

那时候，世界范围内的航空技术突飞猛进。喷气式发动机技术已经日趋成熟，第一批超高速喷气式战斗机也飞上了蓝天。在苏联，基于图-16轰炸机开发的图-104，成为世界上第二种喷气式客机。虽然它的经济性和舒适度并不尽如人意，却传递出民航客运必将走向喷气时代的信号。阿尔乔姆·伊万诺维奇·米高扬、米哈伊尔·约瑟夫维奇·古列维奇和安德烈·尼古拉耶维奇·图波列夫等苏联飞机设计名家，也成为青年人的偶像。许多中国的年轻人都期望能投身到航空事业当中，实现翱翔蓝天的梦想。

李象益青睐北航，还有一个原因。同班同学安庆翔的哥哥当时就在北航读书，经常和他说起北航的传奇故事，北航是一所从事航空领域尖端研究的学府；在一批苏联专家指导下，学校设置了如飞机和航空喷气发动机的尖端科技专业。不仅如此，作为一所国防院校，北航的保密要求很高，不仅学校电话属于机密，校徽上也不能出现校名，只有一个小飞机的图案。

"北航尖端科技的'神秘感'，虽然只是从同学的只言片语中透露出来，却对我具有极大的诱惑力。可以说,这激起了我强烈的好奇心，促使我产生了非上北航不可的想法。"李象益如是说。

几个月之后，他如愿以偿。

第三章 铸造翱翔蓝天的利剑

> 1981年春天,在美国休斯敦第二十六届国际燃气轮机会议上,李象益以一篇《加力燃烧室缩尺模化试验》研究报告,引起了同行的关注。站在万里之外的讲台上,他正在为航空理想注入鲜活的光彩。走进北京航空学院的大门,开始了他人生中最富创造力的时光,他参与了追赶国际航空技术先进水平的新长征。以两倍音速翱翔蓝天的歼击机坚强"心脏"里,有他贡献的一份力量;四分之一个世纪砥砺奋进的科研生涯,铸就了迎难而上、勇于创新的信念和品格,成了他人生最为宝贵的财富。

"做未来的红色航空工程师！"

20世纪50年代初，新生的共和国以前所未有的速度，掀起了建设国家的新高潮。当时，中国与苏联关系亲密，苏联在航空航天领域的成就，极大地激发着中国年轻一代翱翔蓝天的梦想。矢志为航空事业奉献青春，也成为李象益的远大志向和强烈愿望。

1952年10月，在北京西郊的海淀区，一片被称为"柏彦庄"的土地上，北京航空学院诞生了。它由清华大学等8所高等院校与航空相关的院系合并而成，在当时代表着中国航空航天技术教育与研究的最高水平。因此，它作为新中国的第一所航空航天科技大学，肩负着为国家航空航天技术发展培养人才的重要使命。

1956年8月，李象益站在了北航的大门前。"做一名祖国未来的红色航空工程师！"眼前横幅上的标语，令怀揣壮志的他激动不已。对于即将开始的大学生活，他已经迫不及待。

建校伊始的北航，生活条件还十分简陋。学生宿舍是临时搭建的小平房，睡觉用的木制架子床吱吱呀呀，食堂也尚未建好。但对于怀抱远大理想、矢志创建祖国航空事业的年轻人来说，能够走进这所高等学府深造，便是莫大的荣幸；即使物质

↑ 在北航航空喷气发动机设计专业就读

> 参与组建北京航空学院的8所高等院校，分别是清华大学、北洋大学（今天的天津大学）、西北工学院（今天的西北工业大学）、厦门大学、华北大学工学院（后更名为北京工业学院，今天的北京理工大学）、西南工业专科学校（今天的重庆建筑大学）、四川大学和云南大学。

供给并不充盈,李象益和同学们的心里也是虽苦犹甜。

在北航学习的5年,李象益撑起了理想的风帆,他年轻的生命充满了张力。那时,1930年就参加革命工作的老共产党员武光,正担任北航第一任院长。这位深受尊敬与爱戴的老领导,用他在革命斗争中锤炼出的卓识远见,带领北航的师生们,为建设中国第一个服务于国防和航空工业的院校,规划了宏伟的蓝图。

初尝科技攻关乐趣

1958年,中国发生了"大跃进"运动。

在武光院长提出的"教学、科研、生产、劳动"相结合的方针之下,北航启动了多种机型的研制工作,并鼓励学生勤工俭学,参与到科研一线工作当中。这些型号中最著名的一种,便是"北京一号"支线运输机(研制之初被称为"北航一号",

↑ 在北航自行设计制造的"北航一号"前　　↑ 北航喷气发动机设计系 5331 班同学合影

下文均使用此名称）。它是新中国自主设计和制造，并且可以发挥旅客运输功能的第一架客机。更为惊人的是，它是由北航人日夜奋战、连续攻关，仅用100天时间就设计制造出来的。

"北航一号"是采用下单翼布局的轻型支线运输机。它由两台从苏联进口的 AИ-14P 活塞式航空发动机提供动力，驱动双叶螺旋桨，最大平飞速度为312千米/时，最多可以运载10人（包括两名飞行员）。1958年9—10月，这架飞机由当时中国最优秀的民航飞行员潘国定（1949年"两航起义"的领航机机长）和王来泉执飞，完成了"北京—天津""北京—上海"航线的试飞任务。如今，它已经成为珍贵的科技史文物，被北京航空航天大学博物馆收藏。

受制于专业知识，低年级的同学并不能直接参与"北航一号"的设计工作。但是，在"大跃进"时代"教育与生产、劳动相结合"的氛围中，北航学子们掀起了支援"北航一号"研制的热潮。

作为班级团支部书记的李象益，积极参加了制造伞齿轮（锥形齿轮）的工作，以此向其他单位交换建造"北航一号"所需的资源。那段时间，他白天是学生，晚上就成了一名铣工，与工人师傅一起开动一台从捷克进口的大型万能铣床，常常加班到深夜。连续奋战了几个月，终于加工出了数十个大型齿轮。

即使是像"北航一号"这样的轻型支线运输机，其实也是复杂得惊人的机器。而在1958年的中国，现代工业体系还未完全建成，因此很多飞机零部件和材料尚不能自主制造，完全依赖于进口，比如"天空罗盘"上使用的偏振镜即如此。

现代飞机通常会使用罗盘来导航，但在地球上有一些罗盘无法使用的区域。当飞机进入这些区域的时候，如果天气晴朗，飞行员可以通过观察太阳或星座的位置来导航；但如果恰逢阴雨天气，通过"天空罗盘"这种精密的偏光仪观测天空中的偏振光，就成为一种备份的导航手段。

在1958年"大跃进"的浪潮中，李象益和同学们一起，进行了制造偏振片的科研攻关。尽管技术、设备和材料都严重短缺，他们还是在材料力学专家高镇同教授（后当选为中国工程院院士）的指导下，勇敢地挺进了这个"一片空白"的领域。

攻关的第一步，是弄清制造偏振片的方法。攻关小组得知，在社会上，有位曾经留学日本的专家了解制造偏振片的工艺，他们便几次登门求教，不料都遭到了拒绝。这位专家不看好"大跃进"运动，也不相信仅凭几位大学生就可以制造出可供飞机使用的偏振片，因此不愿施以援手。李象益和同学们在气愤之余，决定自力更生、自主研制。经过数十次的试验，攻关小组终于破解了偏振片的制造方法。

北航并没有储备某种制造偏振片必需的化工原料。作为攻关小组组长的李象益和同班同学李祥林一道四处打探，最后得知外贸部有这种原料的样品。于是，他们兴冲冲地前往位于二里沟的外贸部谈判处寻求帮助。一开始，谈判处的负责人根本不同意将材料给他们。李象益发挥团干部擅于做思想工作的长处，从"超英赶美"一直讲到国家任务紧迫，晓之以理，动之以情，态度诚恳得近乎哀求，终于打动了外贸部的工作人员，同意将这些材料样品无偿提供给他们。

材料到手之后，他们只剩下最后一个难题，那就是缺乏生产设备。最后，大家决定"土法上马"，他们小心地将原料调成面糊状，放在一块玻璃板上，再用夹板夹住两端进行拉伸，就得到了有方向性的薄膜；再用另一片玻璃把薄膜夹在中间，就得到了偏振片的"毛坯"，只需剪裁成合适的形状和尺寸就算完工。经过几天几夜的连续作战，他们终于制成了第一片偏振片，性能完全符合要求。

直到今天，李象益仍然记得在那一天，与同学们自力更生、白手起家，第一次敲开科学大门，感受到的那种成功的自豪与幸福。

1958年年底，李象益和同学们已经身在黑龙江哈尔滨的东安航空喷气发动机制造厂，进行工夹具课程设计的实习。这年春节刚过，李象益和100多名同学突然接到命令前往江苏常州，支援制造"丰收35"型拖拉机。呼啸的列车载着他们跨越了半个中国，从冰天雪地的东北，来到了已经迎来早春的江南。

在常州，大学生们受到拖拉机厂前所未有的热情款待。李象益和同学们深受鼓舞，个个使出了浑身解数，在这块新的"阵地"上挑灯夜战。他们做出许多可喜的成绩，但也受制于背景知识的些许短板，留下了若干令人啼笑皆非的故事。有一次，一位同学主动要求承担设计一个专用铣床的任务。但在最后审定他的设计方案时，发现铣床动力系统并没有跟铣刀连接，而是连到了铣床床面上。答辩时，铣刀不转、床面飞转的情景，使大家捧腹大笑。之后，他们连忙进行调整，以赶上生产进度。

↑ "超英赶美"的"丰收35"型拖拉机

经过将近3个月的日夜奋战，大家终于完成了研制"丰收35"型拖拉机工夹具的"赶超"任务。实习即将结束时，李象益和同学们还编排了一出以这次"会战"制成"丰收35"型拖拉机为主题的快板剧。后来，这个节目经过改编，参加了在北京人民大会堂举行的全国职工文艺汇演，还荣获了一等奖。学习和实习之余的"副产品"，成为李象益大学时代的难忘记忆。

在北航求学的几年，是他生命中最为快乐的时光。虽然课业繁重，作为团支部书记的他，还有很多社会活动要参加，忙里忙外，但他始终没有放弃对全面发展的要求。身材不高但十分健壮的他，是北航棒球队队员，司职三垒手。由于灵活多变，他得到了"铁三垒"的绰号。那时候，每天四点半以后，他都要到操场上的棒球场训练；每到周日，还要随队去参加高校间组织的比赛。1956年，北航棒球队获得了北京市高校棒球赛的冠军。李象益对棒球的热爱，在多年之后，竟然让他有了一次做棒球比赛解说员的机缘。

1975年7月，第三届全国体育运动会棒球比赛在北航举行。在当时，棒球是个比较冷门的项目，甚至就连北航体育教研室主任对比赛规则也不大熟悉。已经留校任教多年的李象益，作为当年校队的"老将"，被请来当现场解说员。他的才能得到了完全的发挥，解说清晰流畅生动，不时插入幽默诙谐的点评，使整个球场气氛异常活跃。国家体委副主任荣高棠也在场观看，对现场的解说连连赞叹说："你们从哪儿弄来了这么一个高水平的解说员？"

1959年9月18日，李象益光荣地加入了中国共产党，成为班里唯一入党的学生。李象益说，那一天，我就暗下决心，"把一切献给党"。这成了他一生的奋斗目标。

留校踏上科研之路

1961年9月,李象益从北航发动机系毕业了。离开校园的那一天,每个同学脸上都洋溢着难以抑制的兴奋,那是奔赴人生新天地的激动,是实现梦想的全新开始。

学校的报到公文上,赫然写着:"李象益等88人赴中国人民解放军第五研究院(即航天空间研究院)……"也就是说,李象益和他的同学,即将前往航天系统工作,成为一名军队科研人员。

就在他准备上车离校的时候,系主任王绍曾教授急匆匆地赶到,拍了拍李象益的肩膀说:"象益,学校决定让你留校了!"命运之路瞬时发生转折,他与穿上戎装、从事航天研究工作的梦想擦肩而过。

虽然感到意外,但李象益没有提任何要求,一切服从组织分配,一切听从国家召唤。

他被分配到航空冲压发动机教研室,成为一名教师,在这个简称为"四研"的部门,开始了他科研与教学的新征程。

"四研"是当时航院一个重要教学与科研单位,专门从事航空冲压发动机的教学与研究。

↑ 组装中的"北航四号"冲压发动机

↑ 北京航空学院主楼外景

航空冲压发动机是一种特殊的喷气式发动机，它依靠飞行器高速飞行时与空气的相对速度，使流入发动机进气道的空气与燃料混合燃烧得到推力。相比于目前广泛使用的涡轮喷气发动机和涡轮风扇发动机，冲压发动机不能在静止状态下启动，但胜在结构简单，在两倍音速或更高速的飞行中有更好的效率。而与火箭发动机相比，冲压发动机可以利用空气中的氧，不需要自带氧化剂。因此，冲压发动机拥有更高的推重比（推力与质量之比），被认为是高超音速飞机与巡航导弹的上佳动力。

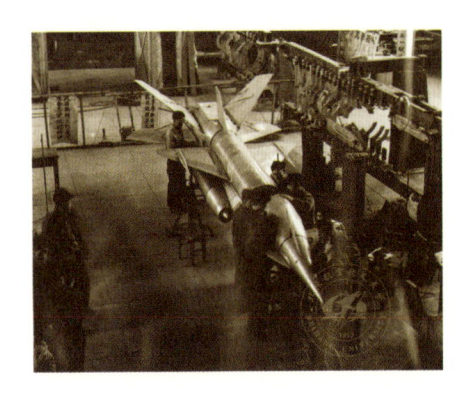

↑ "北航四号"高空高速靶机

"四研"是为研制无人高空高速靶机"北航四号"创建的高技术研究室。"北航四号"具备飞行高度20000米、飞行速度达2.5倍声速的性能，在当年堪称惊人的成就，而且得到了周恩来总理等国家领导人的充分肯定。为了研制这种前所未有的无人机，"四研"在缺乏资料和技术的艰苦条件下，建成了多种用于科研的重大设备和基础设施，并且凭借它们完成了多种高空高速发动机试验。刘兴洲、刘大响、甘晓华等中国航空发动机领域的院士，都与"四研"和以后延伸建成的航空热动力研究所有关。

来到"四研"的李象益，第一件工作便是清理仓库。这项最基层的工作，称得上是对研究人员基本功的淬炼。

"四研"的仓库堪称一个"大杂烩"，堆满了各种实验材料。想要对它们进行整理，分类堆放并且建立档案，显然要耗费不少工夫。

整理的第一步是测量各种材料的重量。而实验材料大多有着特异的外形，无法直接放在磅秤上，李象益想了一个简单有效的方法，当时他的体重刚好50千克，他举着材料站到磅秤上，再将总重量减去50千克，就得到了材料的重量。

↑ 1963年在北航"四研"进行发动机实验室院内

李象益很快熟悉了实验室的工作流程，从电源和设备的控制与使用，到试验试车系统的操控，再到为改善设备和系统而进行的电路和机械设计，还有机械加工车间里车、铣、刨、磨"四大母机"的使用，钳工设计与加工工件的基本功，所有这一切知识与技能的增长，都令他感到很充实，很有干劲。他非常喜欢穿上工作服干活，在他看来，这意味着他已经成为"四研"里的一员了。

回忆起这段身在"科研摇篮"的经历，李象益说："每当我站在发动机试车台上，握住控制手柄启动试验，听着发动机巨大震撼的轰鸣声，我就感到特别兴奋。此时的我，已经是一名航空发动机的科研战士了！我的心中涌动着为航空事业奋斗的荣耀感。"

↑ 模拟高空自由射流试验台二级引射器

1961年在北航冲压发动机教研室　　在北航"四研"发动机燃烧组与英国专家拉菲博合影

　　进入"四研"半年之后，勤快又机灵的李象益，被分配到燃烧学专家宁晃教授手下搞科研。宁晃1938年就读英国牛津大学内燃机专业，获硕士学位，曾担任清华大学、北京大学这两座中国顶级学府的教授，是中国航空发动机和燃烧学方面的泰斗级科学家。"强将手下无弱兵"，在大师手下从事科研工作，令李象益成长迅速。很快，他就写出了一份学术探究报告《传导、辐射、对流对高温热电偶测量误差的分析》，并且在"四研"内部每周三下午研讨会上作了学术交流。在场的教研室主任宁晃听后，对这个参加工作不久的年轻人的探索精神表示了赞赏。

　　在"四研"期间，他参加了多个科研项目的研究工作，包括固体冲压发动机研制、涡喷-7发动机加力燃烧室改型设计试验研究、无人驾驶高空侦察机方案论证等。

　　在20世纪60年代，"四研"科研条件也算不上先进，科研过程充满了艰辛。

　　在进行固体冲压发动机试验时，需要具备产生高速气流的气源。

↑ 在北航"四研"发动机实验室台二级引射器旁　　↑ 自行设计的 210 大气压高压气源储气罐装置

气源系统，是把空气经压气站进行压缩，再送进储气罐中，使罐内达到 210 个大气压（1 大气压 =1.01×10^5 帕）。等到做实验的时候，再把这些压缩空气释放进实验室，通过预先设置的管路，将气流分为两股，一股直接引向实验台，另一股则引到发动机后方，制造出实验中所需要的局部低气压，模拟高空空气稀薄的环境条件。

为了建造高压气源，"四研"请来了一位七级焊工宫师傅帮忙。他有着极为丰富的经验，将 6 个耐高压的大气罐顺利焊接完成。但由于气罐属于压力容器，必须经过严格的测试，确认焊缝没有瑕疵，方能正式投入使用。测试方法是向气罐中注入高压水，模拟充满压缩空气的情况。但是，就在测试过程中，一股水突然从气罐的瓶口泄漏出来。如果瓶口的法兰盘（管道之间或者管道与容器的连接件）出现裂缝，就可能造成重大事故。在这关键时刻，宫师傅及时堵住了漏洞，消除了隐患，但在场的人还是吓出一身冷汗！

当时，以两倍声速和 2 万米升限为标志的第二代超声速战斗机，已经成为军事强国的主力装备。由于中苏关系恶化，引进属于第二代超声速战斗机的米格-21 后继机的计划搁置，这使得我国只能凭借样机和残缺不全的技术资料，自行摸索这一机型的改型升级。米格-21

↑ 涡喷-7发动机加力燃烧室

的仿制机被命名为歼-7，继续改进这一机型的任务，就要由我国的航空技术人员自己来完成。对歼-7使用的涡喷-7系列发动机的改进，是提升战机性能的重要步骤。李象益担任了涡喷-7甲2型发动机加力燃烧室改型设计试验研究的项目负责人。

这次的加力燃烧室试验研究，是采用"缩尺模化"的试验方法，就是先精心制作一件成比例缩小的发动机加力燃烧室，再运用刘高恩、王华芳教授等人研制的色谱仪研究成果，以一套算法对发动机燃气成分进行分析。

研究过程充满了艰辛。

在长达6年的时间里，李象益与同事们需要每天连续数小时处在高分贝噪声环境下，以便采集需要的数据。长时间的噪声刺激，令李象益经常发生神经紊乱导致的腹泻。有时候，测量气流速度所用的皮托管（这是一种通过测量压力来推导出气流速度的装置）在实验过程中破裂，作为工作介质的水银时常会冲出玻璃管，像雨点一样突然倾泻下来，落在头上和身上。有些时候，他们回到宿舍睡一觉后，在宿舍地板上都会发现掉落的水银，研发团队却没有一人因此退缩。

↑ 航空喷发动机低压燃烧实验室内景

功夫不负有心人。辛勤的汗水和不懈的探索，终于换来了回报。

这个名为《涡喷-7甲2型发动机加力燃烧室缩尺模化试验研究》的项目终于取得了成功。研发团队取得了加力燃烧室冷热态流阻、燃烧效率与燃烧稳定边界测试的大量数据，从而为发动机设计改型提供了有效的依据。

作为项目负责人的李象益及其团队，获得了国防工办重大技术改进成果协作一等奖，航天工业部科技成果二、三等奖等多项科技奖励。在这6年时间里，他最大的收获是熟练地掌握了项目实验的全过程。他说："在'四研'的科研经历，对我最重要的历练，是学会了如何组织一个科研团队形成协调、配合、提供技术保障的凝聚力，学会了如何进行重大科学研究项目的方法与途径。"

除科研任务外，李象益还承担了教学工作，教授本科生的专业课《燃烧学》、研究生的《模化理论在燃烧室中的应用》等课程。

在讲授《燃烧学》时，他总能用简洁明了的方法，讲解复杂的专业理论。当讲到发动机加力燃烧室辐射式稳定器后喷的火焰时，他形象地打比方说，（火焰）就像12面火旗，迎风招展，辉煌而壮观。风趣而生动的讲解、严密的逻辑推理，把《燃烧学》这门理论课讲得有声有色。

多年后，他的学生娄铁军还能回忆起当年课堂上的诸多细节，因为李教授擅长用风趣的语言，帮助他们弄清楚各种复杂的概念。

首次亮相国际舞台

在北航工作期间，李象益和同事们在美国航空航天学会（AIAA）

等机构主办的国外专业刊物和国内重要的学术刊物上，发表学术论文十多篇，达到了科研人生的一次高峰。

1981年3月，根据气体动力学与化学动力学为基础的"斯蒂瓦尔德相似准则"，李象益运用多年的研究成果，撰写了《加力燃烧室缩尺模化试验》的研究报告。这篇论文被第二十六届国际燃气轮机会议正式录用，他应邀赴美国休斯敦参加了这次学术会议，在会上宣读了研究论文。不少国外业内专家对这一研究成果很感兴趣，加拿大宇航研究院的皮特教授主动写信邀请，希望李象益去加拿大做访问学者。

改革开放之初的1981年，即使像北航这样的重点高校，参加高层次的国际学术会议的机会也是不多见的，能够登上国际学术讲坛的学者可以说"凤毛麟角"。当时的情景，有一个细节可以佐证：因公务由国内赴美的人，都住在驻休斯敦领事馆内。李象益回忆说："这栋白色的大楼里，当时只住了3个人，也就是我和另位学者，还有一位新华社记者。"

李象益及其团队的科研成果得到国际同行的认可，在北航也引起了不小的震动。回国之后，他多次应邀在北航的院系、处室做"访美见闻"的报告，介绍在美国的生活和学术交流经历。

外面的世界很精彩！

在旧金山、休斯敦等地可以看到成片的摩天大楼和彻夜不息的灯火；美国的大学不但很大，而且没有院墙；国际学术会议有着怎样的组织程序。除了宣讲自己的论文和学术交流外，学者们更为关注的是获取学术资料等。

20世纪80年代初，美国自动化程度远远超过中国。当北京的地铁尚需人工售票和检票的时候，美国大城市的地铁系统已经全面引入自动售检票装置。人们只需在自动售票机上投入一美元，就可以得到

↑ 1981年3月出席在美国休斯敦召开的"第二十六届国际燃气轮机学术大会"

↑ 在"第二十六届国际燃气轮机学术大会"上做报告

一张地铁票，再将它投入闸机，就可以进入地铁站。当他讲述这些见闻时，人们都颇感兴趣。

让李象益印象深刻的是美国知识界的学术氛围。在休斯敦的国际燃气轮机会议上，一位权威专家在报告论文时，把一个基本概念说错了，但报告内容本身，却有不少独到之处。与会专家们没有抓住他的错误不放，而是对创新之处报以热烈的掌声。亲历这一幕的李象益看到容忍错误与重视创新的科学精神，感慨地说："这种鼓励创新的学术风气和理性的学术讨论氛围，正是我们应该学习的。"

从进入北航到离开北航，李象益在这座校园生活了 27 年，奉献了他最美好的青春。他从这里走上了科研之路，在北航"四研"的杨载明、黄熙君、张斌全等一批老专家的带领下，与刘高恩、王华芳、杨茂林、顾善健等堪称科研"顶梁柱"的优秀研究者一起工作，他说，他向他们学习了很多，在"四研"这个砥砺奋进的集体中，感受着友谊、团队、拼搏、理想和事业的价值。

李象益动情地说："在北航求学和任教的 27 年，给我留下了美好的记忆，也为我 30 年的科普生涯奠定了坚实的基础，我始终怀着深厚的感情与眷恋。"科研是科普的基础，科普是科研的延续，两者密切相关。

北航"四研"的经历，塑造了他拼搏进取的创新精神和脚踏实地的求实作风，李象益在持续 30 多年的科普实践中，一直坚持以科学的理念、方法和态度去处理问题。他相信，这种特质以及认识事物、对待事物的基本态度和行为准则的养成，都得益于"四研"时期的科研经历。

科研生涯使李象益悟到了一个终身受用的道理：无论做什么事情，最根本的是要在操作层面上，提出解决问题的方法。他说，在科学普

↑ 航空冲压发动机研究室（第四研究室）部分同志

及创新的道路上，不能只做一个"命题者"，还要做一个"解题人"。

这种务实地去寻求"答案"的理念、思路与作风，正是"四研"这个集体所赋予他的最宝贵的财富。

第四章　步入『科普人』的行列

> 太仆寺街，北京老城区里一个不起眼的地名。西单商圈的繁华，让人们几乎忘记了这条静谧的小路。伴随着科学春天的到来，这里正在悄然酝酿新的生机。
>
> 20世纪50年代规划建设的国家级科技馆，此时又以"中国科学技术馆"的名号"复活"。在北三环中路尚待开发的土地上，这座科学殿堂奠下了第一块基石。弗兰克·奥本海默"科学中心"的新理念，即将在此落地生根；一个新纪元拉开了帷幕。

科普人生从太仆寺街开始

距 45 岁生日大约一个月的时候，李象益迎来了人生和事业的又一个重大转变。他从学习、工作了 27 年的北航，调到中国科技馆筹建处，参与到中国科技馆的筹建工作当中。从这一天开始，他从一名高校科研与教育工作者，转型为一名科普工作者，开始抒写科普人生的新篇章。

此时的他，心里既有对从事多年的科研教学工作的一份眷恋，又有对全新的科技馆工作的一种新期待，还满怀着进入新环境、新领域的别样的兴奋。

在北航正处于科研事业高潮的李象益，为什么突然转行到科技馆，从事相对陌生的科普工作呢？

中国科技馆筹备建设之初，面临着许多新课题，迫切需要了解现代科技并具有科技专业知识的专家型干部参与建设。因此，在北航学习工作多年、科研和教学都已经取得一定成就的李象益，就成为合适的人选。

除此之外，李象益走上科普之路，也有其他的促成因素。1981 年，他第一次赴美参加学术会议时，曾专门参观了休斯敦宇航中心，看到了一枚完整的"土星 5 号"火箭。同样的火箭曾经为美国"阿波罗"登月计划效力，并且将美国第一个空间站"天空实验室"送入太空。在这枚登月计划留下的备用火箭旁边，许多美国公众特别是青少年都

> "1983 年 9 月的一天，我去往北京西单太仆寺街（当时中国科技馆筹建处设在这里）报到，阔别了航空喷气发动机设计的研究与教学工作，与科技馆这个陌生的事业结下了不解之缘。"在一篇回忆文章里，李象益写道。

↑ 1981年3月在美国休斯敦宇航中心登月火箭前（备件）留影

在仔细听讲解，孩子们睁大的眼睛里充满着好奇，不时会发出"啧啧"的赞叹声。对美国率先实现人类登月的自豪感，充溢在每一个参观者的脸上。这次参观，让李象益很有感触。作为一名科研人员，他注意到美国这样的科技强国，很注重向公众、特别是青少年进行科学普及与传播，让公众了解现代科学技术的发展，而这正是中国科技发展中缺少的一环。他站在巨大的火箭旁边，饶有兴趣地拍下了一张颇具深意的照片，作为这段感悟的见证。

1982年，以"四大发明"为主体，加上陶瓷、纺织、铸造、建筑、天文、中医中药及手工艺等内容的"中国古代传统技术展览"，乘着改革开放的春风走出了国门。李象益的二姐夫作为英语一级教授，全程参加了这项中国科技馆最早的临时展览赴美国展出的相关谈判，因此看过许多国外的科技馆。他与李象益多次谈到对科技馆的印象，这引起了李象益浓厚的兴趣。

这是李象益第一次了解到"科技馆"的概念，并且意识到科技馆在提高公众对科学的认知方面，有着独特的意义。

他喜欢有挑战性的工作，因此参与科技馆筹建，弄清科技馆教育这种崭新理念与模式的奥妙，很对他的"胃口"。

从科技展览馆到科学中心

说到中国科技馆的建设历程，还有一段曲折的故事。

20世纪50年代，在举国上下"大干快上建设新中国"的氛围中，全国各地涌现出大量科技创新成果。因此，中国迫切需要一个合适的场所，向公众展示社会主义建设的巨大成就，振奋国人的精神。于是，建设一个国家级的科技展馆，开始提到国家领导人的议事日程上来。

1958年，经周恩来总理和分管科技的聂荣臻副总理批准，中央科学馆准备在新北京火车站的站口东北侧地块（今北京国际饭店的位置）兴建，用来展示和宣传新中国取得的科学技术成就。

得益于那个时期特有的工作热情和干劲，中央科学馆的筹备工作进展得特别顺利。很快，建筑地基和地下部分就已经完成，地上部分的第一层也开始兴建。然而，在当年资源有限的情况下，国家决定在北京主城区集中建设人民大会堂等"十大建筑"，向国庆10周年献礼，一切力量、物资都要为此"让路"，科学馆不得不暂缓兴建。

做出缓建中央科学馆这个决定的时候，周总理对聂荣臻副总理说："（等）到火箭上了天，给你们修一个更好的科技馆！"

兴建国家级科技馆，就成为中国科技界的一种憧憬。

1978年3月18日，全国科学大会在北京隆重召开，中国迎来了"科学的春天"。这是一次中国科技史上具有里程碑意义的大会，给中国科技馆建设带来了重大转机。

在这次大会上，科学家们提议建设国家的科技博物馆。会议闭幕不久，一批在中国科技界享有很高声望的专家，发起了重启国家级科技馆建设的倡议。时任中国科学院副院长、著名桥梁专家茅以升，著名光学专家王大珩等83位科学家联名给国务院写信，提出了"建设一座国家科技馆"的倡议。

中国科技工作者是中国最具情怀、最有使命感的一个群体，他们的世界性眼光和高超的智慧，不但推动着中国科技事业的发展，也体现在科技馆建设这一重大决策上。在决定中国科技发展大业的紧要关头，思想先行与行动落实，总是一样迅速而有力。

1978年11月5日，中国科学技术协会向国务院呈送了建设中国科技馆的专题报告。17日，中共中央副主席邓小平和国务院副总理纪登奎、余秋里、方毅等中央领导先后批示，同意建设中国科技馆。这个沉寂20年的建设计划，正式按下了启动键。

1979年2月23日，以茅以升为主任，裴丽生、王顺桐为副主任（后增补聂春荣、沈元、张博），钱学森、沈鸿、张维、马大猷、张开济、柯俊等为委员的中国科技馆筹建委员会正式成立。一批当时国内最有声望的科学家，开始为建设中国科技馆奉献自己的智慧和创意。

不久，茅以升亲自担任团长的科技馆建设考察团，专程赴美国、瑞士、日本等国家进行考察。他们不顾劳累，连续考察了28家科技博物馆，获得了许多第一手资料。

这一次国外考察，让大家开了眼界，既看到了发达国家的科技馆建设状况，也了解了现代科技馆的理念、目标、功能、展教方式等概念。他们发现，由于现代科技的迅速发展，与传统科学工业博物馆有很大不同的"科学中心"正在异军突起。科学中心很少收藏、陈列科技发展的代表性物品，而是展示专门设计的、表现科学技术原理和应用的科普展品，在寓教于乐中强调参与、体验、探索的过程，使公众受到科学启迪并且理解科学，最终目标是培养人们的创新思维。

回国之后，科学家们运用从国外搜集到的资料，对科学博物馆的历史沿革进行了梳理。经过反复论证和深入研究，他们逐渐达成了一致，那就是引进现代"科学中心"的展教理念，建设代表世界最新潮流的现代科技馆。

科技馆作为近现代科技传播和教育的重要场所，是伴随着科学技术普及而发展起来的。科技博物馆从内容性质来说，可分为三种类型：一类是自然历史博物馆，主要收藏陈列动植物和矿物等自然万物的标本；二类是工业技术博物馆，主要展出科学仪器、机器设备、交通工具等人工制造的实物和模型；三类是现代科学技术馆，即科学中心，是以举办现代科学技术教育性的展览、组织各种科普活动为主要内容的具有全新教育思想和理念的新型社会教育阵地。

这三类科技博物馆，是科学技术不同发展阶段的产物。

人类对自然界的研究处于宏观描述时，产生了最早的自然博物馆。对自然科学家工作成果的检阅场所，考察发现的动物、植物、古生物、矿物和岩石的标本，集中分类摆放在博物馆里，用于收藏、研究和展示。它的起源可以追溯到古希腊时期，18世纪中叶到19世纪中叶开始诞生一些场馆。

工业技术博物馆起源于18世纪末的技术博物馆，伴随着工业文明19世纪的突飞猛进，在20世纪初走向完善。有代表性的是1794年建立的法国工艺博物馆、1857年建立的英国科学博物馆、1903年建立的德意志博物馆等。它们是工业革命的产物，这个时期技术上的发明创造，包括蒸汽机、火车和轮船的出现及电的应用，机器和科学仪器等人工制造物，开始进入博物馆陈列，兼备收藏、陈列实物的功

↑ 德国慕尼黑"德意志博物馆"

能,通过发展史帮助人们了解科学规律与未来。

后来,为了向观众说明机器内部构造和工作原理,在展出实物之外,也展出一些剖开的机器和活动的模型,说明科学原理、定理的实验装置,有的放置在展览厅供人观看,让观众自己动手试验。这种展教方法称为"观众参与",观众操作展览设备的方式,包括按电钮、拨动手柄或拉杠杆等。德意志科学工业博物馆率先采用观众操作设备,被称为"按电钮博物馆"。

1937年,出现了第一个反映科学原理和应用的科技博物馆——法国巴黎发现宫,科技博物馆收藏、研究、展示功能转变为教育功能。发现宫的出现,大大深化了教育的理念,学校教育与社会教育紧密结合,大教育的理念更加落实与发展,为科学中心的出现奠定了基础。

20世纪中叶,随着科学技术的迅猛发展,一种适应于时代要求、更加关注人的能力和思维提高的新型现代科技馆出现了,也就是以科学探索、发现为特征的现代科技馆即"科学中心"诞生了。

"科学中心"的出现,具有鲜明的时代背景。在20世纪60年代,苏联发射了第一颗人造卫星震撼了全球,引发了世界教育变革的新浪潮。在美国,教育界开始认识到改革教育的紧迫性,一个以批判杜威实用主义教育思想、推崇布鲁纳发现法、着眼于培养创新人才和开启培育创新思维教育的新运动在各地兴起。在这种背景下,美国物理学家弗兰克·奥本海默在美国旧金山创建了探索馆,他设计制作了500

↑ 法国巴黎"发现宫"　　　　　　　　　↑ 美国"旧金山探索馆"

项以物理学为基础的可参与、互动的展项，凸显了传播科学思想与科学方法的新理念。这种以突破传统教育观念，彰显创新思维，培养创新能力的新型社会教育，迅速传播到北美、欧洲、亚洲等，开启了"科学中心"的新时代。

科学家们建设现代"科学中心"的决定，在中国科技馆发展史上具有里程碑的意义。它确定了中国科技馆的建设模式，也确立了追赶世界科学教育发展潮流的前进目标，使中国科技馆与世界先进的展教理念接轨。它同样确立了以创新人才培养为宗旨、提高全民科学素质为目标的科普场馆建设方向。

中国科技馆奠下基石

1979年2月21日，国家计划委员会（国家发展和改革委员会的前身）正式下文，批准了中国科技馆筹建项目编制定员为500人，属中国科协领导下的正局级事业性单位。

1979年12月30日，中国科技馆筹建处正式成为中国科协一个部

↑ 中国科技馆一期工地，被称为北京的"北大荒"

门。它租用了北京展览馆后院的几间房间作为办公地点，迈开了蹒跚前行的步伐。

1981年1月，中国科协成立了中国科技馆筹建领导小组，任命原北京石油学院院长贾皞为组长，江枫为副组长，连仲堂、曹芸、吴先萃为成员，全面负责筹备工作。这个团队在北京全力寻找合适的地块，以规划建设一座现代化的科技馆。

当李象益进入中国科技馆筹建处上班的时候，科技馆的选址已经完成。当时的北三环路的位置犹如一条乡村公路，将要建设科技馆的这块土地，被称为北京的"北大荒"。李象益与筹建小组的同志们在破旧的土房里、煤炉旁，度过了5个春秋寒暑，进行了与科技馆建设相关的大量前期调研、论证、设计、规划和对外联络、协调等工作。

对于这一时期的艰辛，筹建团队的每个人都记忆深刻。在中国科技馆一期工程快要结束时，科技馆主楼已经建成，陪伴大家1800多个日子的那几间破旧的平房，也完成了历史使命，就要被拆了。大家都默默地走进小屋，这里看看，那里摸摸，总想再找回一点原来的感觉；他们说着筹建过程中发生的一件件往事，格外动情。最后，大家一致同意，在这几间简易的土房前留影，定格当年的那份记忆、那

中国科技馆筹备期间，经历曲折，充满艰辛，先后6次搬迁办公地点：1980年在北京展览馆后院，1981年在北海公园天王殿，1982年在虎坊桥工人俱乐部后楼，1983年在府右街南口太仆寺街，1983年9月在北京农林局东楼，最后迁至科技馆工地待拆迁的农家小院。

↑ 中国科技馆开工奠基工地现场

份激情、那份艰辛。

1984年11月21日，中国科技馆在荒凉而又泥泞的土地上奠下了基石。这是一场高规格的仪式，由时任中国科协主席周培源主持，时任国务院副总理姚依林剪彩；中央机关相关部委的领导都见证了这个历史性的时刻。

在奠基石上，镌刻着由邓小平同志题写的"中国科学技术馆奠基"几个大字。细心的人们发现，"奠基"两个字写得比其他字大一些，更加醒目与厚重。众所周知，小平同志重视科技、重视教育，他复出后的第一件大事，就是恢复高考。他也重视解放和重用知识分子，并

↑ 正在建设的中国科技馆一期展厅和综合业务楼

055

且高瞻远瞩地提出了"科学技术是第一生产力"等论述。因此，邓小平浓笔重写的"奠基"二字，寄托了他的期待和希望；他着眼的不仅是这座科技馆的建设，而且是国家富强、民族振兴、科技进步、长远发展的根本基石！

紧张、繁忙的科技馆建设终于开始了。从项目管理，到图纸会审、修改和现场施工，科技馆筹建团队每天都面对着忙碌而紧张的战斗。但看着一天天长高的脚手架和建筑主体，还有一天天在改变的周边环境，大家觉得一切的辛苦都值得。在每位建设者心中，都期待着中国科技馆这个"新生命"的诞生！

大洋彼岸刮来的旋风

中国科技馆的建设，受到了科技界的关注；建设中的科技馆也迫切需要得到国外先进理念的指导。

1983年5月，正在筹建中的中国科技馆迎来了一位特殊的客人，他就是美国旧金山探索馆的创建者弗兰克·奥本海默，科学中心的展教模式，正是在他手中走向成熟的。尽管访华行程紧张，奥本海默还是专程来到了筹建办，毫无保留地与中国科技馆的筹建团队分享科学中心的理念。他强调要开展馆际间合作，并且盛情邀请中国科技馆派员赴旧金山探索馆考察，体验科学中心的理念。令人遗憾的是，不到两年，这位友好使者不幸离世；但旧金山探索馆的继任馆长没有忘记老馆长的嘱托，一直在为双方交流做准备。

1987年4月，中国科技馆派出了一个由李毅君、赵晓敏、潘玮、王恒、张承光、沈永华、王建国等组成的8人小组，前往旧金山探索馆，进行为期一个月的学习考察，重点学习科学中心的理念与展示展品设计。

交流、考察、学习的作用是明显的。渐渐地，年轻的中国科技馆建设者们对现代科技馆与科学工业博物馆的不同之处，有了进一步的认识：科学中心在内容上不以传统的历史性收藏为主，而是突出展示现代科学技术的原理和应用。更重要的是，在教育形式上，科学中心改变了"请勿动手"的陈列方式，鼓励观众亲自参与、强调主动探索；在功能上，则把展览、教育同科学传播有机地结合，形成一个综合性的科学教育实体，使参观者能在参与互动中，以愉悦的方式和手段体验科学、探索科学，锤炼内心的科学精神。这一个月的考察收获，对正在建设中的中国科技馆，提供了展示理念和展品创新设计方面的重要启迪和借鉴。

↑ 中国科技馆赴旧金山学习团队

由于中国科技馆需要几年时间方能建成，因此党委书记贾皞提出："要一手抓建馆，一手抓活动，年年有声音，不等不靠，一边建设，一边搞展览，以达到锻炼队伍、积累经验、积蓄力量，为开馆建设做好人才、技术和队伍的准备。"

为了引进科学中心的教育理念，在实践中锻炼队伍，中国科技馆将"中国古代传统技术展览"送往加拿大，同时引进了加拿大的"安大略科学中心展"。1983年9月，来自加拿大的展品跨过太平洋登陆

"安大略科学中心展"在北京展览馆开幕

中国。对于这项中外科技交流项目，双方都十分重视。开幕当天，时任全国政协副主席、中国科协主席周培源到会讲话，加拿大联邦政府文化部部长也到场致辞。一批科技界、教育界的专家学者，共同参加了隆重而热烈的开幕仪式。

"安大略科学中心展"共有 47 个展项，都是该中心的精品展品，可以充实 1200 平方米的展厅。这些展品都突出了可动性、趣味性，配以有趣生动的演示来阐述科学原理或规律，启发人们的科学思维。因此，这次展览充满了新鲜感，传达出一种全新的科普教育理念与方式，给刚刚打开国门的人们留下了深刻的印象。展览的宣传海报也颇具特色，是一个小姑娘体验范·德·格拉夫静电发生器放电的照片。她头发直立，眼睛大睁，惊愕的表情极度夸张。这张海报贴满了京城的大街小巷，一时引起轰动。

此后，为了传播科学中心的理念，中国科技馆以这 47 件展品为基础，组织了名为"科技馆之窗"的全国巡回展览。从 1983 年 11 月起，这

"科技馆之窗"展览在上海展出

一展览依次赴呼和浩特、西宁、南宁、长沙、乌鲁木齐、上海等 10 多个城市展出。每到一地，都是观众云集，人流如潮。

在地广人稀的内蒙古大草原，科技馆的员工们冒着零下 20 多摄氏度的严寒天气，自己动手搬运集装箱布展。当时供职于中国科技馆展教处的孙彦回忆说："我们常常一直干到深夜，在那样寒冷的天气里，鼻涕流下来都冻成了冰柱。短短一个月展览，就接待 8 万多人，创下了当地各类展览的最高纪录。而后，展览又来到青海西宁，蒙、藏、回等少数民族观众看后，反响特别强烈。我听说，有的人甚至翻山越岭走了好几天路，专程来看。"

1985 年 5 月，李象益在乌鲁木齐参加了"科技馆之窗"展览的开幕式。蜂拥而来的观众，把新疆维吾尔自治区党委书记王恩茂等人都团团围住了。王书记握住李象益的手，兴奋地说："这个展览办得好啊！把科学知识带到了边疆，带来一种科技时尚、一种科学的春风，让新疆各族人民大开眼界。"

一场来自加拿大的科学旋风，搅动了中国科普教育的一池春水。"科学中心"这一先进理念，伴随着改革开放的步伐，悄然根植在古老东方的大地上，绽放出艳丽的花朵，散发着清新的芬芳。

信息技术展览揭示科技革命

20 世纪 80 年代，世界新技术革命浪潮滚滚。但是，对于当时的大多数中国人而言，什么是新技术革命，它有什么特征，其发展趋向如何，对社会将产生什么样的影响，都不是很清楚；而关于对这些趋势的见识，正是改革开放之初迫切需要了解世界的中国人所急需的。

中国科技馆筹建团队成员葛霆敏锐地提出了举办"新技术革命展览"的建议，得到了党委书记贾皜的支持。一场调动社会力量，筹备呈现新技术革命的展览的战役打响了。这场展览的目的，是要反映信息技术对时代和社会的革命性影响。田良木、葛霆、李毅君、李象益等被确定为展览的组织者，紧张的筹备工作迅速展开。

经过短短6个月的筹备，1984年10月，"新的技术革命——信息技术展览"在北京友谊宾馆的老科学会堂隆重开幕。在京的科研院所、高等院校、大型国企等100多个单位应邀参展，展品总共有80余项346件，包括信息化与现代信息系统，以及（实现信息化的）基础技术这两大部分。这是国内第一次主题明确、内容系统，集知识性、技术性、权威性于一体的现代信息技术大型专题展览，它很好地传播了新技术革命这个具有划时代意义的伟大事件。

以数字技术为代表的新技术革命，给人以崭新的启迪。它给时代带来的巨大变革，激励着人们创造并迎接美好的未来。在这次展览上，有一件展品格外令人印象深刻：一块普通的计算机磁盘里，竟然储存着10年的《人民日报》。这意味着人们将可以告别报纸堆积如山的存储仓库。计算机的应用和计算机网络的概念，令人们惊喜地领会到，信息技术将会对未来产生怎样的革命性影响。

时任电子工业部副部长江泽民也专门到现场，听取展览筹备汇报，了解展览布展情况。得益于电子工业部等国家部委以及清华、北大等名校的积极参与，各大部委科研机构、高等院校的资源和优势得以集中。社会各方对布展工作的联动支持，使展览成为激动人心的"大合唱"。

国务院一位领导同志看完展览后说，谈到新技术革命名词术语，大家都耳熟能详；但是对许多具体问题，总还是吃不透，不太明白。

这个展览的价值，就在于讲清了新技术革命对时代和社会进步的推动作用，而且很形象、很具体。由于紧跟时代步伐，捕捉社会热点，在世界新技术革命汹涌的浪潮来临之际，很好地体现了即时性、敏感性和引领性，这项展览在行政领导和技术干部中产生了强烈的反响，赢得社会各界的好评，使原定计划一个月的展期，又延长了一段时间。

李象益作为一个刚从科研岗位转入的新人，把自己多年的科研经验、体会，第一次与科普展览结合起来。他在展览主题策划、布展等方面提出建议，在组织协调、梳理总结等方面也做了许多具体工作。同时，他在凝聚社会力量、开放办馆、走社会化路子等方面也得到了历练，积攒了许多宝贵的经验。

创建新型科普教育阵地

1985年1月，中国科技馆调整了领导班子，吸收了部分知识分子和专业干部进入领导岗位，刘东生任馆长，韩瑞芳、李象益、段黎明任副书记，田春茂、李象益、朱仙油、谭逯远任副馆长。

1986年5月，《中国科技馆一期工程展览内容初步设计大纲》（下文简称《设计大纲》）编制完成，随后，李象益代表中国科技馆设计团队，在北京友谊宾馆向科技

↑ 一期展厅展示内容初步设计评审会

馆筹委会做专题汇报。茅以升、王大珩、汪德昭、马大猷、沈元等专家委员以及中国科协书记处书记陈绳武、陈弘等领导，认真听取了李象益的专题汇报。随后，李象益、田春茂两位副馆长又专门赴中国科协，向时任中国科协主席的钱学森和中国科协党组书记鲍奕珊做专题汇报。李象益回忆说："钱老很认真地听了设计方案，始终保持着微笑、宽容的神情。他的态度始终是和蔼的、信任的，给我留下了十分深刻的印象。"

1987年4月，经过修订和充实后的《设计大纲》方案在湖南省会长沙举行了向社会公开征集展品的活动。5月，中国科技馆进入开馆的决战阶段，高镇宁、陈绳武、曹令中等中国科协领导亲临现场，并且提出了一期展厅攻关建设的目标。

作为主管业务的副馆长，李象益全力集中投入在"建设一个怎样的科技馆"与"如何建设有创新性科技馆"这两大问题上。根据"科学中心"理念，他将目光锁定在展示与展品创新设计上。在设计资料等条件尚不成熟情况下，他以多年搞科研的思路，要求拓展思路，"眼光向外"，大量搜集国外科技馆展品的原始资料。李进新、伍振家负责的情报处，搜集了10余册国外科技馆优秀展品设计的资料，成为科技展品设计的重要参考。

为了进一步深入了解世界科技馆从理念到实际建设的具体问题，由田春茂、李象益为正负团长，葛霆、周汝泉、商淑珍等为团员组成的"中国科技馆赴日访问团"，于1985年7月访问了日本东京、横滨、名古屋、大阪、神户、仙台以及北海道的札幌等地的11个科技馆。代表团细致、深入的考察和座谈研讨，既是对开馆建设和日后工作的启蒙，也是一次学术和理论功底的打造。

李象益一头扎进了新馆的建设工作中。鉴于科普展品的创新设计

"把我放在党务和业务双肩挑的位置上，确有诚惶诚恐之感。我深感党组织信任，下定决心要努力干好，自觉接受组织的考验。"回忆起当时的心情，李象益如是说。

对李象益来说，这是他第一次直面国外科技馆的实地考察，令他很有感触，"20世纪80年代，在建设中国第一个科技馆的节骨眼儿上，能对科技馆做这样系统的考察，打下建设科技馆的基本功，有如鱼得水之感。"

是最艰难也最重要的环节，他几乎整天与设计团队在一起工作，讨论、分析、对比，有时甚至为一个问题争论到深夜，一些方案是几度返工才最后确定。对于设计团队来说，科技馆布展的现场就是战场，加班加点更是家常便饭。在攻坚最为紧张的日子里，李象益和设计团队的同事们，好几周都没在家睡个安稳觉。

在如何建设科技馆、实现创新目标方面，李象益20多年的科研经验发挥了作用。他决定依靠科研院所与大专院校，走自主创新与社会结合的道路。

为了研制高压放电展项，设计团队借鉴德意志博物馆高压放电展项的设计思路，与清华大学高压实验室合作联合攻关，开发了"平板放电""雅各布天梯"等全新的展项。

↑ 巨型高压放电装置在一期展厅

在这个过程中，李象益多次带着科技馆的展品研制团队，到清华大学电机系高压实验室，与肖如泉教授等专家现场研究，解决展品展示中的问题。

8个月过后，一个高6米、直径5米的巨大铁笼设计制作完成，安放在展示大厅的正中；笼中的几件展品也制作安放完毕。高压放电激起的火花、闪烁的弧光和电击的声响，给人以强烈的震撼。中国科技馆开幕时，时任中国科协主席的钱学森特意在这个展项前驻足，仔细地观看了高压放电演示，而且一直在点头微笑，对展项设计表示了肯定。

↑ 哥氏力展品

走创新之路，是李象益和全体创作者的共识，许多展品的研制，包含着研制团队的集体智慧和辛苦付出。一件件展品后面，都有着不少动人的故事。

哥氏力（即"科里奥利力"）是一个产生于自转和公转系统的特殊力学现象，概念比较抽象复杂，一般中学生难以理解。在世界各地的科技馆中，介绍哥氏力原理的展品有各种形式，效果各不相同。比如说，美国旧金山探索馆选择用水流演示哥氏力的存在，而中国科技馆的"哥氏力"展品，由展品设计团队的黄体茂设计，采用两根皮带旋转的方案，简洁、形象、生动，完全不同于国外科技场馆的演示思路，而且完美地诠释了哥氏力的科学原理，堪称完全"中国版"的创新展品。

伯努利原理是流体力学中的一个基本原理，是科技馆经常演示的"老面孔"展项，要做出新意并不容易。黄体茂经过认真研究，精心设计了一个"听话的小球"，以小球沿管道循环运动，揭示了伯努利原理及相关流动与流场的概念，富有知识性、趣味性、观赏性。后来，这件展品获得了"茅以升教育科技基金奖"，被许多地方科技馆借鉴采用。

角动量守恒展项也是如此。这件展品被做成直升机模型的样子，当它的主螺旋桨转起来的时候，机身会反方向跟着旋转。这样的设计既演示了角动量守恒的原理，又介绍了实际应用（说明传统单旋翼布局的直升机安装尾桨的作用）。观众坐在里面，有身临其境之感，大大增加了体验乐趣。

大型精密气浮平台展项，则是中国科技馆一期建设中大型展品中的精品。研发团队的潘玮细心钻研，将这件集科学性、知识性与趣味性于一体的展品，打造成为一台精密的科学仪器。它由高精度的大型平台和气浮滑块组成，气浮滑块由一整块辉长岩石料磨制而成，面积6平方米，质量达5400千克。展品启动的时候，在平台和气浮滑块之间会形成一层很薄的气膜，使气浮滑块在平台上做近似无摩擦的运动，从而完美地实现多种科学原理的展示。由于精巧的设计和高超的加工技术，以及良好的演示效果，这件展品受到馆长刘东生院士的好评，称它为科技馆里的"国宝"。

> 大型精密气浮平台在摩擦系数很小的情况下，可以演示牛顿第一、第二、第三运动定律，力的独立作用、力偶、动量守恒、角动量守恒、弹性碰撞、完全非弹性碰撞、质心运动定律、转动惯量和转动定律、共振等物理知识和现象，演示效果形象、直观、生动，实现了平时学校物理课堂中完全达不到的效果。

从1987年9月到1988年9月，李象益和他的同事们经历了开馆前的最后冲刺阶段。虽然缺乏经验，困难重重，大家却从不气馁，而是鼓起勇气迎难而上。有时候，洋办法不行，土办法、"笨"办法也一起上。在安装布置展厅时，除了用"手葫芦"吊车，不少展品是大家肩背手扛运进展厅的！布展过程中发生的感人故事实在是说不完。

李象益很少对人说起自己的故事、自己的付出、自己的烦恼。但在内心深处，他和大家一样，始终为中国科技馆的诞生感到幸福和喜悦。

"科学中心"在中国生根

秋天的北京，最富有诗意。树叶金黄，硕果飘香，满眼是收获的喜悦。中国首座运用"科学中心"理念建设的科技馆，终于迎来了开馆的时刻。

↑ 一期开馆

　　1988年9月22日，中国科技馆举行了隆重的开馆典礼。中共中央书记处书记芮杏文、国务院副总理方毅、科技部部长宋健、中国科协主席钱学森等领导莅临现场，出席了隆重的开馆仪式。

　　中国科技馆一期工程建筑面积2万平方米，展厅面积6471平方米，展示内容包括力学、机械、声学、光学、电学、计算机应用及中国古代科技展览等。以基础科学为主的现代科技展览部分，展品共125项151件，其中20多项为大型展品。这些展品，大多是以科学中心理念

↑ 直线电机列车展项 　　↑ 体验"高压放电"展项

↑ 分形艺术展　　　　　　　　　　　　　↑ 分形互动展品

为指导，由中国科技馆筹建团队自主设计制造的，其中的高压放电、直线电机列车等展项，都成为"支柱性展品"。开馆之后，每一场高压放电、液氮、静电发生器试验等表演项目，总会吸引一大批观众。他们围在展台周边，随着声光电的精彩演示，发出惊奇而欢快的声音。科技的魅力，在参观互动中传递，在潜移默化中感染。

络绎不绝的参观团队，特别是学校组织的学生们，像潮水般地涌向中国科技馆。新型科技教育的功能，凸显社会教育的最新理念与形式，得到了社会的广泛认同。公众对这座新型的科普教育阵地充满了新鲜感，从青少年到成人，从一般公众到技术人员，都纷纷走进这个科学课堂，探索和体验着科学的奥秘。

开馆并不意味着一劳永逸，年轻的中国科技馆在不断地成长。从"青春期教育展览"开始，它运用参与、互动和体验的教育理念，成功举办了"中医中药科技展览""克隆科普技术展""分形艺术展""茅以升生平事迹展""彗星撞击木星科学展览""灾害事件的应急与自救展览""南极科学考察展览"等一系列科普专题展览，在创新科普教育的探索道路上，取得了一次又一次成功，积累科技馆展教的实践经验。

在这些展览中最值得一提的，便是"青春期教育展览"。它由8项可供观众参与、体验的创新展项组成，令人耳目一新。一些最私密、最令少男少女好奇的话题，在观察体验和解说中找到了答案。量一量脚长，再输入几项附加条件，就可以预测一个人的身高；几个互动问答题的测试，就可以给出智商概念的判断，这些有趣的展品，成为青春期教育的一次成功尝试。后来，这个展览的展项设计理念和一部分展品，被10多个地方科技馆复制，成为科技馆界公认的经典。

年轻的中国科技馆作为行业的开拓者，也主动承担起了引领中国科技馆事业前进的神圣使命。

1990年10月，中国科技馆率先举办了"全国首届科技馆馆长培训班"，邀请英国伦敦科学博物馆、加拿大安大略科学中心等世界著名科技馆的专家，以及国内科技馆专家前来讲学。11位专家以多样的科普演示、表演及研讨等形式，传播"科学中心"的教育思想和理念。这样的新型理念和教育思想，使来自全国各地的学员们眼界大开。他们无不自豪地说："这是科技馆的'黄埔一期'。"

中国科技馆建成开放，在中国开创了以"科学中心"理念建设科技馆的新纪元，也成为中国建设科技馆的示范和样板，引领着中国的科技馆事业迈进了一个新时代。

1995年8月25日，在中国科技馆一期展馆的东南侧，亚洲第一个穹幕电影厅竣工并正式向公众开放。它放映的第一部科教影片，是从美国引进的《大峡谷》。在6路音频系统环绕立体声的烘托下，鱼眼镜头将70毫米胶片的影像在大型天穹型银幕上再现，给人以身临其境的震撼和逼真的视听效果。在现场，观众都被眼前的宏大场面震撼了，他们完全沉浸在科技带来的幻觉之中。

1990年10月25日，时任中央书记处书记温家宝视察了中国科技馆，留下了深刻的印象。两天后，在一次重要的宣传工作会议上，他热情地推荐了中国科技馆："北京有一个科普教育的好地方，值得大家去看看。"

正巧李象益也参加了这次会议，来自上级领导的评价令他兴奋不已。散会时，他迅速跑到门口，激动地对温家宝书记说："感谢您的关心支持，给我们做了极好的宣传，我们一定要好好干！"

↑ 中国第一个穹型影院在中国科技馆建成开放

    这是中国首次将特种影视技术引入科普教育，而且"一步到位"，无论是影厅的容量，还是观影的效果，都进入了世界先进行列。这个坐落在北三环边的银白色"大球"，很快成为北京城的新地标，给许许多多的人留下了美好的记忆。

第五章 吕梁"支教"情难忘

美国著名科技编辑、科技杂志《连线》的创始人凯文·凯利有一句名言："未来已经到来，只是尚未流行。"

20世纪80年代中期的中国，便是这句话绝佳的注脚。当每秒钟运算上亿次的超级计算机启动的时候，在偏远山村的人们，却还经受着交通闭塞与贫穷的折磨。来自中央机关的"支教"团队，来到了曾称为"宁死不上"的吕梁山区。在这个见证了中国革命历程诸多重大事件的革命老区，李象益和他的团员们将要读懂一本无字的人生之书。

盛夏家访凝聚支教队伍

在李象益的人生里，赴山西吕梁"支教"这一段经历，让他特别难忘。每当说起这段，他的眼里总是闪烁着眷恋和激动的光芒。正是这个社会实践的大熔炉，使他受到了前所未有的历练，懂得了工作岗位里学不到的东西，这都成为他日后取之不尽的智慧源泉。

1986年8月，中国科协党组决定，李象益暂时放下中国科技馆建设的事，带队参加中央机关讲师团，赴吕梁山区开展为期一年的支教工作。

↑ 中国科技馆欢送李象益、欧建成同志赴吕梁支教

"支教"工作，是当时举国关注的教育体制改革的关键环节。1985年5月，国家出台了《关于教育体制改革的决定》，拉开了教育体制改革的大幕。而教育改革的重中之重，是基础教育。资料显示，1980年全国有中小学教师845万人，其中高中教师达到本科学历的约占50%；初中教师达到大专毕业学历的约占10%；小学教师达到高中、中师毕业程度的约占47%。我国中小学教师队伍中出现了新教师多、民办教师多（约占中小学教师总数的53.6%）、文化程度没有达标的多，中小学师资质量情况令人堪忧。中央提出从党政机关抽调一部分干部，组成中央机关讲师团，开展"支教"工作，培训中小学教师。

当然，这场轰轰烈烈的支教活动，还背负一个深重的大命题，那就是"年轻知识分子健康成长的道路"，到农村去锻炼成长，到人民群众当中去，增强对资产阶级自由化思想侵蚀的抵御能力。从这个角度看，支教不是简单的支援教育人才短缺的问题，而是一个探索青年知识分子健康成长道路的重大决策。

有着20多年教育工作经历的李象益，成了合适的人选，被任命为中央讲师团吕梁支教分团的团长，28名团员来自中国科协、新华社、林业部等多个部委。

使命在身，义无反顾。科技馆开馆在即，作为科技馆主管业务的副馆长李象益，深知此时此刻离开意味着什么；然而，他毅然决然地服从组织安排，一头扎进吕梁支教的事业中，并暗自下了决心，不干则已，干就干出个样子来。

启程前的一周，李象益做了一件其他团长都没有做过的事。

按照团员名单上的通信地址，他逐个进行"家访"。在李象益看来，这28名年轻人组成的讲师团，都在中央机关单位工作，平时联系也很少，彼此根本不熟悉。作为团长的他，应该预先了解情况，了解各自的性格，为今后的工作奠定基础。

七月的北京，酷暑难当，李象益骑着一辆老式自行车，穿行于北京的大街小巷，对门牌，爬楼梯，一家一户地寻访所有团员。

团员王慧梅清楚地记得李象益到她家时的情景。"那一天，天已经擦黑，我们一家人刚吃完晚饭，就听见有人敲门。开门一看，门外站着一个满头大汗的人，衬衣都湿透了，我们全家人都惊愕极了。一问才知道，这位疲惫不堪的人，就是我要参加的吕梁支教团的团长李象益。当时，他说是专门来做家访的，想了解下每个团员的情况。"

王慧梅回忆说："那时候，我刚刚大学毕业，到令人生畏的黄土高原，一去就是一年之久，家人是不踏实的，少不了担心。李象益团长来家一聊，家人踏实了很多，觉得很有价值，对这个热情的团长，增加了一份依靠，一份信任。"

有人问李象益，为什么有"家访"的念头呢？"我在高校任教的时候，当过学生政治指导员。职业的敏感，还有'一定要搞好这个集体'的激情鼓舞着我，一定要把思想工作做在前头。更重要的是，我是团长，有责任了解所有团员的思想、生活、家庭状况，因为那是工作的基础，是凝聚团队的前提。"

事实上，像吕梁支教这样的社会实践，李象益经历不止一次。

早在 1964 年，他就被北航派到北京房山县（今房山区的一部分）参加"四清"运动，担任房山县吴庄"四清"工作队队长。在那里，他用了一年时间，把一个"三类队"（效率和干劲不高的三类生产队）改造成了"一类队"；1972 年，他又被派到遵化县（现为遵化市）干校锻炼，担任炊事班长，为干校战士们烧菜做饭，同样干得有滋有味。每次这样的社会实践，都被他看成是接受教育的过程；他也都努力做好，自觉地接受磨炼。

在留校北航期间，他曾经在 1965 年担任北航飞机系"五三大班"的政治指导员。那一年里，擅长做思想工作的他，和同学们结下了深情厚谊。一年间，五三大班各方面都取得了优异成绩，李象益获得了全院"优秀政治指导员"称号。

学生鲁万青说："我上大学接触的第一位老师就是李象益。当时，作为学术大家宁晃教授的助手，他在教学和科研方面已是骨干。他年轻、帅气、热情、干练，朝气蓬勃，精力过人，很快就和同学们打成了一片。他有着极富感染力的口才和组织才能，大家对这位指导员都很服气。李老师对我思想上有严格要求，政治上又给予我很大的鼓励。在他的指导和帮助下，当年我就加入了党组织，成为一名预备党员。"

学生张浩青回忆说："李老师曾在一次班会上说：'你们刚入大学，我不赞成你们谈恋爱。现在要谈，也是初恋，而初恋往往都是失败的！谈也是白搭，我劝你们珍惜美好的时光。'大家都感受到了来自指导员的深切关爱。他没有粗暴地禁止我们谈恋爱，却用出色的思想工作的艺术，令我们折服。"

凭着多年思想工作的经验，李象益在上吕梁之前，已经把功课"做在前头"。他最清楚，要带好一个团队，最重要的是了解每个人的内心世界，因为这是做好工作的根本。

读懂"无字的书"

1986 年 8 月，28 个年轻人乘着一辆大巴，一路颠簸上了吕梁山，开始了一年的支教生活。

一路上，刚刚相识不久的年轻人，显得特别兴奋，又是说笑，又是唱歌。繁华的城市逐渐远去，团长李象益望着车窗外连绵的黄土高原陷入了沉思：团员们长期在城市里生活，又在中央机关工作，生活背景和职业已经带给了他们无比的优越感；来到农村生活，特别是到吕梁这样的贫困地区，生活条件会和以前有很大的落差。

既然如此，如何激发他们的热情，让他们真正认识支教的意义呢？如何让这些年轻人超越不同的生活背景和工作经历，将心真正拢在一起呢？李象益辗转思索，他想办法只有一个，那就是让大家在吕梁这块土地上，经历一场前所未有的历练，真正把每个团员融入群众之中。只有这样，他们才能在体察社会的苦与穷的磨炼中，理解这里的山山水水，理解这里发生的一切。

吕梁山区有着光荣的革命历史。这里曾经是中国工农红军东征的主战场，1936年，红军高级将领刘志丹在此光荣牺牲。抗日战争时期，这里成为革命根据地晋绥边区的首府；以反抗日本侵华为背景的长篇小说《吕梁英雄传》，就创作于此。解放战争时期，女英雄刘胡兰宁死不屈的事迹更是家喻户晓。到1948年，中共中央向西柏坡转移时曾经在此停留；《在晋绥干部会议上的讲话》《对〈晋绥日报〉编辑人员的谈话》等重要文献，见证着中国共产党领袖毛泽东在这里的革命足迹。

很快，李象益就在脑子里形成了一个方案。他要求团员们开展调研，深入生活，体察群众需求，用自己的眼睛"看懂这里"。他相信，团员们只有感悟这里人们

↑ 讲师团员在吕梁教育学院门前

的生活状态，才能真正激发起对这片土地的情感。

李象益对团员们说："不了解农村，不了解农民，就不了解中国，就不会理解这场'支教'的真正意义。"

李象益知道，要让这批生活在城市机关的踌躇满志的年轻人真正"潜下心来"，就必须让大家看到、听到真实的吕梁，了解这个偏远、落后、贫困的中国山区的缩影，从心灵深处产生触动，才能去触及"走年轻知识分子健康成长的道路"这一重大命题。或者说，需要接受支教的对象，不仅有当地的学生、老师和群众，也包括团员们自己。他们即将从心灵上、思想上、政治上，经受一次"再教育"。

最好的社会大学

20世纪80年代中期的吕梁山区，自然地理条件差，经济发展水平低下，科技教育资源匮乏，百姓生活更是相当穷困。

刚到吕梁时，地委、政府开了一个欢迎会。地委书记樊荣枝在讲话中这样概括吕梁："古老而又年轻，贫穷而又富有，望而生畏又令人向往。"他说，吕梁地区每年考上高校的学生大约有500人，回来的是凤毛麟角。每年按计划分配到中阳县的大学生应该是40名，最终只来了一个。关于大学生毕业分配，当地流传着一句顺口溜："高高兴兴汾河湾，凑凑合合晋东南，哭哭啼啼雁门关，宁死不上吕梁山。"这就是吕梁，辉煌革命历史的荣耀和现实中极度的贫困落后在这里交织！

李象益要求所有团员都要在社会调查基础上撰写报告，提出改变农村教育的思路和建议。

有一天，团员们到临县清凉寺（村）一户农家调查，看到全家的"家具"只是两口大缸，里面装着家里仅有的粮食和几件破旧衣物，这就是他们的全部财产了。吕梁支教分团

↑ 讲师团员赴临县调查途中

的一个支队，住在离石县（现为离石区）的教师进修学院，晚饭时间，司务长端来了一盘玉米棒子，团员们以为是饭前点心，没料到，这竟是晚餐的全部。

在农村小学里，李象益和团员们看到的是城里难得一见的"复式教学"：一个土炕桌旁，坐着4名分别属于3个年级的学生。更有甚者，有的学校连一小块黑板也没有，只能用一小块染黑了的土墙代替，而老师就住在屋外的羊圈旁。

有一次，几个团员到临县调研，一起住在炕上，结果奇痒无比，原来炕上有成堆的虱子。他们只好将衣裤全部脱掉，挂在电灯的开关拉线上，然后"裸睡"了一宿。

在临县碛口镇一所中学，学生们每月伙食标准只有9元钱。学生们的大碗里装着清水煮的不多的几根杂粮面条。李象益询问校长说："他们吃得饱吗？"校长却解释道："学生们的身高眼看着蹭蹭地往上长啊！"

缺水、缺田，山区自然条件恶劣；落后、贫穷，缺乏教育、科学知识和技术，但吕梁的人们也同样期待改变命运，过上幸福富裕的生活。有限的信息和资源，使这里的人们致富无门、致富无术。

刚到吕梁时，团员们处处感受到亲人般的淳朴感情和人们对知识

参观山西兴县八路军纪念馆　　　　　　　　讲师团员参观刘胡兰烈士陵园

的渴望，这让他们充满激情。当他们沉下来，看到的、听到的、想到的一切，令他们慢慢地开始思考，自觉收起了深居城市盲目的优越感。在所有队员的心中，都有一种新的情感在涌动，那就是要在这块黄土地上，真正进行一场人生历练！

按照当初"家访"时了解到的情况和专业知识、工作经历等，李象益将团员们编为7个分队，分别编排支教计划。支教的重点任务，是开展农村中学师资培训，培养英语、数学、理化等薄弱学科的师资，同时举办实用技术培训和讲座，推广农村实用技术。

他带领全体团员到文水县，瞻仰了刘胡兰烈士陵园，亲眼看见了杀害烈士的铡刀；在柳林县三交镇，聆听刘志丹带领民众闹革命、最后壮烈牺牲的故事；到兴县蔡家崖，访问了八路军老战士，听他们讲与日伪军战斗流血牺牲的故事。团员们静静地听、默默地想，渐渐开始进入了角色。一个团员在日记里写道，面对革命先烈，听着那些发生在峥嵘岁月里的故事，我们都开始内省，并且重新定位了人生信念。可以说，自我新生就从吕梁开始！

队员康金城说："在吕梁发生的一件事，让我印象深刻。培训班学员康志珍是一位民办教师，为了能参加进修学校的培训，按规定要扣除工资，所以，他只好将伙食减到最少，正餐就是清水刀削面加一点盐，为了节省，他还常常不吃早餐。然而，当他得知我要回北京为大家找英语学习资料时，就在隆冬漆黑的清晨，和几个同学一起，早早等候在公共汽车站为我送行。汽车开动的一瞬间，他们突然把10个热烧饼塞进了车里。上路之后，我流下了热泪。"

在吕梁的每一天里，团员们的心灵都深受触动。这块黄土地和这里的人民，让他们思索，使他们成熟。他们意识到，吕梁支教这一场社会实践，是一所最好的社会大学，让他们重新学习了"人生的ABC"。

李象益与团员们一起，翻山越岭，走家入户，与老农聊天谈心，在田间地头讲解实用技术。短短三个多月，团员们写出了20多篇社会调查报告，从经济发展、科技教育、农村生活等方面，提出了许多想法与对策建议。

"一切为了老区的明天"

李象益明白，支教活动也是农村科技传播的最好时机。吕梁山区农村面临的问题是缺乏文化知识和科学技术，想要实现社会进步，荡涤愚昧落后，需要更多的智力资源支持。短短一年间，支教团员不仅完成了30多门课程的师资培训，而且开办了17个实用技术培训班，使近3000名农民参加了培训。

在李象益的带领下，全体团员各尽所能，在师资培训和农业技术传播两方面都大胆实践，各显身手。

临县一个小学校一直缺少体育教师，为了使学校少请一个年薪

500元的外聘体育教师，团员薛全福主动担当起了这个角色。他操着浓厚的山东口音，带着一群比自己还大的高中学生上体育课。他从仓库里找出因为缺乏师资，已经好久没用过的"山羊"、垫子等体操器材，修修补补再投入使用，因陋就简，"土法上马"。校长看到学生做垫上运动时，深有感慨地说："大姑娘躺在垫子上做体操，在临县历史上还是头一遭！"

吕梁教育学院缺乏电子实验设备，以往每年都要到省会太原去做实验，耗费时间和财力，效果还不好。团员赵文成想要改变这样的状况，就把实验课改成了收音机、电视机的调试、装配与维修等内容，可以与当地百姓生活相结合。他返回京城，收集了50多套收音机、电视机组装件，一路背着上了吕梁山，让学员们有了人手一台的组装材料，使得电子线路课"不出家门"就能开课，而且收到了实效。

英语教学组的团员们，利用业余时间主动为"中美乡村教育交流"项目翻译材料。他们度过了几十个不眠之夜，最后还将吕梁教育局执意支付的一笔稿费，全部捐献给了一家当地的幼儿园。

按照支教计划，对中学英语教师的培训，需要进行口语对话。但学员们由于平时很少接触英语，发音普遍不够标准，用英语交流时往

↑ 吕梁讲师团英语小组

↑ 学员们正在听"土耳机"

往是面面相觑,谁也听不懂。他们自嘲地说:"我们讲的是'吕梁英语',连'山西英语'还够不上呢!"为了让学员们有更多的练习机会,讲师团的团员自己动手,为每个学员制作一套"土耳机",用来强化听力训练。康金城、欧建成等团员还创办"英语角",举办了"英语天地"比赛,一下子吸引了600多人参加,一时成了轰动离石县城的"英语赶大集"。

还有一件事成了支教活动中的"大新闻"。美国纽约州立大学的3位学者来吕梁考察乡村教育,讲师团闻讯后,觉得这是一个难得的交流机会。他们一路打听,赶到离石县城宾馆,向几位美国专家请教。这几位外宾被他们的诚意感动了,同意推迟返回美国的日程安排,和吕梁当地的英语教师们举办一场英语对话活动。这场别开生面的"中外对话",虽然只是一些简单的日常生活口语交流,但却让学员们兴奋不已。大家都说:"过去从没见过外国人,这次不但见了,还用英语说上话了哩!"

来自林业部的团员谢荣禄,是一名专业技术人员。因此,在支教期间,他就当起了林业科技培训的主角。冬日里的一天,他正在石楼县前山乡政府的院子里,给一些农民讲授红枣丰产技术。突然,下起

↑ 讲师团员康金成在"英语天地"现场与群众交流英语

↑ 李象益在吕梁兴县蔡家崖

了鹅毛大雪，纷纷扬扬，气温也迅速下降。从几十里外赶来听这次培训课的枣农们，却是纹丝不动，入神地听他讲解果树的施肥、剪枝等知识。这些世世代代以种枣为生的农民，第一次发现，种枣子的学问竟然还这么大！

谢荣禄说："从村民热切的目光里，我看到了他们对知识的渴求。如果每一个枣农都能科学种植，全乡的产量至少提高5%。这里有40多万株枣树，可增收数百万斤红枣，能给农民带来多少收入啊！所以，我一定要仔细讲、认真讲，让大家都听懂学会，掌握这些技术，早日致富。"

一年的支教生活，使团员们获得了工作、思想的双丰收。

吕梁分队这个团结战斗的集体，在这块黄土地上，留下了他们学习、奉献、实践、收获的足迹，也成为他们终生难忘的一段可贵经历，姚义贤、康金城、王宏伟3位同志光荣地入了党。

团员吴明说："回忆起我们的老团长，我从他身上始终能感觉到

↑ 山西日报头条刊登了吕梁讲师团组织的英语天地活动

一种朝气，一种向上的精神。他的热情、敬业与执着和踏实的工作作风，感染着每个团员。"

讲师团带来了中央机关的作风，带来了干部的表率作用！

当讲师团快要结束一年的支教工作时，地委书记樊荣枝语重心长地写下了《老区人民不会忘记你们》的寄语："你们送科学到山村，传技术到农家，使千家万户懂得了什么是致富的金钥匙；你们工作上挑重担，生活上找苦吃，这一切给全区人民精神文明建设添了砖、加了瓦，激励着祖祖辈辈生长在这里的人民和他们的后代，用加倍的努力去建设吕梁，振兴吕梁，吕梁老区永远有你们的名字！"

《吕梁日报》以"在吕梁的历史档案里应记住他们"为题，全面报道了支教活动，给了这次社会实践画上了圆满的句号。

1987年6月，吕梁分团被中宣部、中组部、教育部评为"全国支教先进集体"称号，李象益被评为"全国支教先进个人"。12月9日，中央组织部、教育部等联合在人民大会堂举行新一期支教动员大会，

↑ 吕梁讲师团全体团员

李象益作为特邀代表，专题介绍了吕梁分团支教工作的先进事迹。

　　李象益常说，吕梁支教是我经历过的最有意义的社会实践。在这所社会大学里，我懂得了什么是真正的国情，懂得了穷苦，从朴实的吕梁农民的身上，我懂得了要少说空话，多干实事；我也学习到了如何去团结、动员、组织一支队伍，凝聚感情与力量，去完成既定的目标任务。

　　离开吕梁的那一天，他仰望连绵起伏的吕梁山脉，深情地说："踏上吕梁这块黄土地，才真正理解了'不了解农村、不了解农民，就不了解中国'这句话的深刻含义！"

第六章 走进科普新天地

在农村，在厂矿企业，对先进生产技术和模式的推广，也会让千千万万的人受益，科学普及有着广阔的天地。从科技馆转任到科普部担任部长，担任协调科协系统科普工作，对于李象益来说，这又是一个全新的起点。

基层调研、推广经验、参与制定政策，广大农村、企业的鲜活经验，以及涌现出来的创新热情，开辟了科普工作新局面。率先引入公民科学素质调查，放眼看清与先进国家的差距。一幅宏大的面向公众的科普路线图，与国家经济社会的迅猛发展伟大征程一起，正徐徐展开。

"走出去"与"请进来"

中国科技馆一期工程建成开放之后，身为业务主管的李象益一头扎进了繁忙而紧张的具体事务之中，从开放接待到临时展览，从业务培训到对外交流，林林总总，事无巨细，随处可以见到他忙碌的身影。

1991年9月，正当李象益在科技馆干得风生水起之时，中国科协党组决定调他到科普部主持工作，任科普工作部部长。

科普部是中国科协统筹协调科普工作的职责部门，负责制定科普工作相关政策，策划举办全国性重大科普活动，指导地方科协及所属全国性学会科普工作。当时，科普部还联系其他科普工作单位，如中

↑ 在河北农村调查

国科技馆、青少年科技教育中心、科学普及出版社等；中国科普作家协会、中国自然科学博物馆协会、中国科教电影电视协会、中国科技报研究会、中国科协厂矿科协协作中心等，也都归属科普部指导。这种制度设计，形成了一个内容丰富、覆盖面广的科普口。

李象益到任之际，适逢中国科协提出了"科普工作要服务国家经济建设和社会发展大局"的工作方针。科普机构和工作者需要主动进入经济建设"主战场"，在广大农村、厂矿企业等开展群众性科普宣传，开展实用技术培训教育、科技咨询、技术攻关等工作。这对于长期从事科技馆工作的李象益来说，又是一组全新的课题。他决心要在这片新天地中努力学习、认真实践，使科普工作在经济建设中发挥更大的价值。

经过几个月的观察思考，他渐渐地有了一些清晰的思路。

科普工作要更好地面向基层、服务基层，需要从基层调查研究中获得解决问题的方法和智慧。为此，他很快立了一条规矩，全体干部每年要花三分之一的时间下基层，大兴调查研究之风。

主动"走出去"，诚心"请进来"。李象益身先士卒，走农户、到社区、下企业、访问科普基地，进行了大量的实地调研。年终或年初，邀请省级科协科普部部长来座谈，听取对科普工作意见建议，谋划下一年度工作。逐步形成了认真吸纳来自基层的宝贵经验、尊重基层的创新精神的良好风气。

不久，李象益形成了拓展科普工作的新思路：集中精力办几件牵动社会、有影响的实事；深入基层，加强和巩固科普网络组织，在农村、厂矿、城市工作中开创新领域；加强调查研究，改进工作方法，发挥整体效能；开拓思路，认真实践，促进科普工作深化发展。

很快，科普部上下统一了认识，工作迅速展现了新局面。

> 他提出，科普部作为科协的一个职能部门，需要创造性地工作，不仅要会办会，而且要出思想、出点子，真正在引领全国科普工作的创新与发展上发挥作用。从提出理念、方针和政策落实上当好参谋与助手。

站在农村经济体制改革的前沿

进入20世纪90年代，在中国农村广阔的田野上，一场农村经济体制改革的浪潮正席卷而来。千百年来只关心播种与收获的农民，第一次开始思考农作之外的事物，那就是如何在市场经济的条件下，走出一条致富的新路。

作为科技领域的群众团体，中国科协想要努力在农村经济主战场上发挥自身优势，把工作的着力点放在农村经济体制改革的前沿，引导农民用自己的智慧去创造一个新世界。

农村是科普工作的方向和重点，但如何推进呢？李象益一直在寻找"抓手"。

↑ 在山西大同农村调研

他盯住了办好农研会（农村专业技术协会）这件事。要像中央要求的那样，在加快农村经济发展、促进农村经济体制改革这一农业和农村工作的基本任务上下功夫。

当时，在各个省份，都有一些声名远扬的"蔬菜大王""西瓜大王""种植大王"等农村"能人"。各地农村各种形式的农研会,以"能人"为核心发展起来,成为推动农村经济发展的一种新形式。在经济利益的驱动下,农民扩大生产规模和引入新技术的积极性很高。使农研会更好地运作,从组织和业务技术上,由低级阶段提升到高级阶段,便成为农村科普工作的着力点。在市场经济条件下,如何建立产前、产中、产后服务体系,以解决农产品的产销问题,也是亟待研究的重要问题。

为了解决好农研会在体制、机制、运行以及与市场对接等方面的问题,帮助它们更好地发展,1993年5月,中国科协科普部组织了赴瑞士农业考察团,由中国科协书记常志海带队、湖北省科协党组书记李连和等参加,重点对瑞士农协组织的组织架构、协会性质、运行机制等进行考察,取得了丰硕的成果。

为贯彻落实这一指示精神,李象益与科普部分管农村工作的副部长苑郑民一起,迅速组织科普部拟定了关于实施"百县千会试点工作"的方案。所谓"百县千会",就是在全国抓好100个县及1000个农研会,推进试办多样化的农村社会化服务组织。在建立农研会的基础上,逐步引入市场化营运、协调、推动的具体措施,真正把工作的重心落实

> 8月24日,国务委员宋健在《赴瑞士农业考察报告》上批示:"农协——中国科协愿干,可否请中国科协试办?"时任中央书记处书记温家宝也接着做了批示:"同意试办。这项工作的重点应放在服务上,要从农民的实际需要出发,通过试办多样化的服务组织、服务内容和服务方式,给农民带来实际效益。"

↑ 全国农村专业技术协会经验交流大会　　↑ 在湖南考察农研会

在推进农村经济体制改革的前沿,以加快农村经济发展。

李象益说,要办好农研会,就要严格按照中央的要求,从根本上抓好"民管、民办、民受益"这一工作指导方针。

为了深入研究农研会的发展,李象益多次下基层调研。1994年6月,他专程到陕西渭南地区,在陕西省科协科普部长党广禄的陪同下,进行了5天考察,走访了当地"番茄制种大王"王建华,与他交上了朋友。当时,这个充满智慧的农民,依靠西北农学院、陕西农科院专家的支持,成功培育了多种优质西红柿,占领了全国大半个市场,取得了良好的经济效益,还牵头成立了"番茄制种研究会"。这种"农户+技术"的模式,有"能人效应"的农研会,具有很强的生命力,成为新一轮农村经济改革的"社会细胞",驱动着生产力的发展。

李象益敏锐地注意到,以"能人"发展起来的农研会,有活力有干劲,但缺乏先进技术支撑。中国科协科普部邀请了农学会、林学会、水产学会、兽医学会等国内学会相关学科的专家及有经验的"土专家",共同编制了《农村实用100项诀窍技术》丛书,为各地农研会服务。

在经济发展较慢和困难地区,李象益认为,要大力推广那些适应当地农村的实用技术。他专程赴山西省大同实地考察,了解当地"科协千人科技服务团"的工作成效,总结经验,向各地推广应用。

↑ 农研会在基层调研

↑ 与常志海书记在基层调研

农研会"试办什么、怎么办"一直是李象益脑子里的大事。

他多次陪同主管科普工作的中国科协书记处常志海书记，赴烟台、龙口、莱州、潍坊、青州、淄博等地，对农研会进行专题调研，历时半个多月。每到一地，他们都到田间地头、生产加工车间实地考察，与当地科协、种养殖大户座谈，了解实际情况，听取基层一线人员的意见和建议。

调研中，李象益专程走访了山东诸城县（现为诸城市）昌平镇后官庄蔬菜专业技术协会理事长张志坊。这位种植蔬菜的能手，在参加全国农研会经验交流会时，了解到农研会带领农户发展致富的思路，深受启发，意识到想要农民致富，不应该仅仅停留在种菜这一个环节上，还应该要创办进行深加工的企业。不久，他就牵头创办了一家酱菜公司。由于酱菜质量过硬，这家企业的产品很快就打入了日本、韩国的市场，并且受到进口免检的礼遇，成了一个种植蔬菜的农民出身的企业家。

> 李象益认为，在促进农村市场发育的过程中，重视农业生产、流通和农产品加工等领域的实用技术推广尤为重要。从业务技术上扶持和引导农研会向高层次发展，应特别注意引导技术服务型农研会转型为技术实体型农研会。

让"能人效应"发扬光大

1995年5月，李象益陪同中国科协党组书记、副主席张玉台到河北省河间县（现为河间市）调研，专门调研了卢国欣棉花种植研究会。

卢国欣在1984年5月联合12户农民，发起成立了棉花研究会。这个农研会后来发展成为"国欣农村技术服务总会"，拥有棉农会员6万多户，遍及12个省400个县市的4000个村，拥有高标准育种农场8万多亩（1亩=666.7平方米），成为一个技术实体型农研会的典型。

当时，全国性的棉铃虫灾害使大面积的棉田受灾，农民对此束手无策。卢国欣带领一个团队，前往河南、湖北、山东等地进行调研，发现了一处种植转基因棉花的试验田，可以免受棉铃虫的危害。卢国欣立即引入了这个棉花品种，在中国科学院等单位的支持下，推广到1万亩棉田进行试种，取得了成功。

卢国欣的16个优质棉花品种，在全国三大棉区中推广率位居榜首。牵头成立了棉花种子研究所，拥有大专院校研究生50多人、专家80多人；他本人和他的机构，先后荣获了农业部"全国育繁推一体化种子企业家""全国农业50强""全国先进科普基地"等多种荣誉称号，社会各界更是把他誉为农民集资培训棉农的"中国第一社"。

这个典型，正是依靠科技致富的代表，是农研会发展的方向。1995年5月，科普部及时组织现场经验交流会，总结、宣传卢国欣抗击棉铃虫灾害的经验，中央电视台的新闻联播和东方时空节目对此进行了深度报道。

在河北省高碑店市西瓜研究会，理事长刘勃是一名农业专业教师。1985年8月，他组织12户农民开始发展西瓜产业，开始还借款支付考察费，引进西瓜新品种56个，在当地承包300亩土地开发种植西瓜。后来，一场天灾让刘勃赔了11万元，原来的12家会员退出了9家。困难与打击没有使他退缩，他在全省招生，办起了（西瓜）制种学习班，推广优质西瓜种植技术与品种。1986年7月西瓜成熟时，科普部专门在友谊宾馆科技会堂召开了"高档西瓜品尝会"，为这位瓜农助力。时任中国科协主席周培源接见了他，并鼓励他带领瓜农们坚持靠科学办好研究会。刘勃深受鼓舞，主编了《瓜农日历》一书，发行达40多万册。

正是从张志坊、卢国欣、刘勃这些样板身上，李象益看到了希望，总结了经验，与主抓农村工作的苑郑民、尹景春、王慧梅等一起商定，于 1995 年 5 月组织召开了"全国十佳农研会"表彰大会，推广创办农研会的经验和创业精神。会上，当李象益宣读"十佳"名单时，一个个熟悉的名字，在他的心中又一次激起了对这些推动农村经济体制改革的创业者、实践者的敬慕。

榜样的力量是无穷的。树立起一批典型之后，许许多多农研会迅速成长起来；而李象益把关注的目光投向了对农研会的理论研究。他积极推动与国务院农村与农业研究中心合作，对农研会的性质、定位、机制、体制和发展进行了研究。他对如何扶持那些以技术为依托、以产品为纽带的农研会，以及在各级层面上建立（地区性或行业性的）农研会的联合会，给予了特别的关注。

农研会存在的问题也进入了李象益的视野。一些在"能人效应"下成长起来的农研会，缺乏制度建设，大多数没有形成制度性管理体制，产权模糊，权、责、利不清。李象益提出，要从多方面提高农研会的层次，依靠社会力量，扶持和促进农研会从单一技术型向综合技术型发展；在产权上试办股份制，向高级形态发展。他充分肯定"公司＋协会＋农户"这种形式，认为值得大力推广，有助于建立起实现社会化服务组织结构的骨架。

在李象益的带领下，前往基层调研，深入生产一线，成为科普部在农村科普方面的一项重要职责。有了这一块基石，科普部在创建农村有特色的科普教育基地、培育科技示范户、评选农村科技带头人和种养殖大户等方面，都积极推动并且做出了扎实的成绩，形成了那个时期农村科普工作的鲜明特色。

> 李象益说："我不懂农业，更要好好向基层学习。好经验都来自基层，我的体会就是'蹲下去'，取真经。"

闪烁在企业的"讲理想，比贡献"

↑ 推动"讲、比"活动深入发展

1988年，中国科协、国家计委、国家经贸委联合发文，要求企业依靠厂矿科协，开展"讲理想，比贡献"活动（下文简称"讲、比"活动），发动企业广大科技人员为企业解决技术难题、提高经济效益做贡献。做好"讲、比"活动，是当时科普工作的一项重要任务。

李象益调到科普部工作后，马上意识到这是为经济建设服务、投入经济建设主战场的重要机遇。当时，"讲、比"活动已经开展一段时间，也有不同说法，有人提出应该"换一换牌子"了。他决定带领厂矿处的同志，奔赴各地企业调研，了解企业真正的需求。

走走、看看、听听，李象益的心里清楚了基层的实际情况。在实地调研的基础上，他提出，"讲、比"活动要"常抓不懈、不换镜头"。也就是说，对这个实践多年，并且已经取得成效的活动品牌，应该绝不动摇地抓好，不要轻易改变。

他重新界定了"讲、比"活动的内容，要着力推动为企业组织综合"诊断"，开展决策咨询；围绕企业急、难、新、特、尖的重大技术难点进行联合攻关；提供信息服务，引进高新技术为企业开拓生产新领域；开发新产品，提高产品质量，上水平、上质量、上档次、创名牌，为企业争效益。

李象益尤其重视围绕企业发展开展决策咨询和论证，帮助企业领导科学地预测经济发展前景、产品发展方向，为企业宏观决策献计

李象益说："'讲、比'活动是以企业科技人员为主体的群众性科技攻关活动，也是科技群团促进企业技术进步的支柱活动，是厂矿科协组织发挥作用的基础。关键在于如何赋予新内涵，发挥新作用。要找准在新形势下'讲、比'活动'抓什么、怎么抓'。"

献策。

重庆钢铁公司是一家大型国有企业，1988年决定自筹8.7亿元资金，进行100万吨新炉系统的技术改造。公司科协接到技术论证的任务，提出了可行性方案和21项加快投产的建议，都被公司采纳。新高炉投产后，公司为确保高炉正常生产，再次委托科协进行调查论证。科协提出了在技术和管理方面有待解决的问题321项，最终得到论证和解决的有199项。新高炉的产量大幅增长，日产量由400吨上升到1200吨，取得了很好的经济效益。

李象益十分看好这种企业科协发挥作用，开展群众性技术革新和技术攻关，重点抓好新产品的开发研制，促进科技成果转化。认为这是一条开展"讲、比"活动的好路子。

第一汽车集团的公司科协开展"讲、比"活动两年来，承担轻型汽车和轿车工程项目715项，为批量生产有市场竞争力的轻型汽车和轿车奠定了基础。仅奥迪轿车转向节的国产化，每年就为国家节约外汇80万马克。技术人员们还解决了活塞环表面"铬瘤"这项困扰生产大约30年的难题。企业大力推行技术承包，共立项911项，全部完成可实现经济效益1.5亿元。全公司参加"讲、比"活动的工程技术人员每年都超过万人，科技攻关完成1161项，实现效益近2亿元。

李象益认为，要深入推进"讲、比"活动，必须重视"讲、比"奖励机制的转变。辽宁本溪钢铁公司党委把开展"讲、比"活动的效果和科技人

↑ 在湖南进行厂矿科协调研

↑ 在湖南考察厂矿科协工作

员作用发挥的情况，作为考核厂矿领导和评定党委工作的内容，建立了对"讲、比"活动立项及完成情况进行考核，与人员聘任挂钩的制度，完善了奖励和科技人员的福利等制度，极大地调动了科技人员的积极性、创造性。开发新产品、推广新技术 373 项，其中有 19 项获省、部级奖；完成"讲、比"活动项目 21108 项，创直接经济效益 1.59 亿元。

这些鲜活的事例，使"讲、比"活动有了丰富的内涵和价值，使当时全国企业科协工作有了重要载体，成为那个阶段企业科协工作的鲜明特色。

将"金桥工程"推向全国

1992 年末，北京市科协推出了"金桥工程"，即由企业提出需要解决的技术难题，以厂矿科协作为中介，在学会与企业之间"架桥"，有针对性地破解企业的技术难题。

李象益得悉此事，眼睛一亮：觉得这正是对"讲、比"活动的深化和发展。他立即到北京市科协调研，与北京市科协党委书记季延寿多次交流座谈，很快达成共识："金桥工程"的本质，是发挥企业科协的中介作用。这是促进企业科技进步、促进科技与经济结合、破解企业急需解决技术难题的有效做法，非常"接地气"，具有很强的实效性和针对性。这样一套机制也符合科技创新的规律。

他及时向中国科协书记处做了专题汇报，受到了书记处的重视。不久，他陪同中国科协党组书记高潮专程赴北京调研，形成了对这一经验的全面总结。1993年2月，中国科协四届三次全委会正式做出了关于在全国范围内开展"金桥工程"活动的决定，并成立了中国科协金桥工程协调指导小组，全力推进这一工作。

随后，中国科协在全国确定了100个企业，开展"金桥工程"试点。

在全国推动开展"金桥工程"后，李象益十分注意深入基层，到厂矿企业实地调研活动开展的情况。当年的同事们回忆说，李象益不满足于通过电话听企业的经验介绍或者通过邮件寄来的表格，而是常常亲自到现场调查落实。

他先是前往戚墅堰机车车辆厂调研，因为这里是全国厂矿科协开展"讲、比"活动的12家倡议单位之一。工厂科协把"讲、比"活动与"金桥工程"紧密结合起来，使"讲、比"活动有了新的内涵。两年来，围绕企业的科研、生产关键组织立项攻关，累计立项1507项、提合理化建议2778条，取得直接经济效益830余万元。工程师单俊毅的一项合理化建议，一年就为工厂创造直接经济效益140余万元。

他随后又去杭州前进齿轮箱集团公司调研，这是中国最大的传动装置企业，企业科协以"讲、比"活动为契机，把产品结构调整和转产的技术改造列为"金桥工程"的重点，实现产值1200万元，扭亏

> 时任中共中央书记处书记温家宝对中国科协主导的"金桥工程"给予很高的评价："金桥工程实际上是在'依靠'和'面向'之间搭桥，在科技成果与现实生产之间搭桥，促进科技与经济的有效结合。"中国科协主席朱光亚也认为："'金桥工程'是用'大科技咨询服务'的概念，组织科协各项工作为经济建设主战场服务，为国民经济发展牵线搭桥的一项重要的实践活动。"

300万元。

李象益对这些经验,进行了长期的跟踪研究。随着"金桥工程"的推广,李象益又开始注意跟踪研究在"厂会协作"中建立新机制的问题。他参考了农村推行家庭联产承包责任制时,技术承包活动中的竞争机制,并且将同样的思路引入厂矿科协工作中,提出要注意做好协调企业领导、有关部门与技术人员的责、权、利关系,以调动各方面的积极性。

他与厂矿处王笑延、殷皓等同志赴湖南、辽宁、吉林、内蒙古等地调研,全面总结了本溪钢厂科协等企业科协采用的好做法。一些企业的科协组织会自上而下发动技术人员参与"讲、比"活动和"金桥工程",形成了技术人员自选课题、优化组合、立项参赛、对超额劳动进行定量记分考核和记入档案,形成了一整套科学管理办法与平等竞争机制。通过技术承包机制,开展围绕企业改造科技攻关、围绕市场需求开发产品,围绕帮扶中小企业扭亏增盈提供技术咨询服务等,多层次、全方位地调动了技术人员的积极性。

"厂会协作"会诊企业难题

"厂会协作"是发挥科技群团优势,促进国有大中型企业深化改革的一个新举措。学会组织动员学会专家和企业科技人员,积极应对企业亟待解决的关键问题和生产技术难点,成效显著。在组织技术会诊、开展决策咨询中,如何发挥学会在厂会协作中的作用尤为重要。

中国兵工学会"结对"的西南车辆制造厂,是一个已连续5年亏损的大型军工企业。他们在试点中从抓综合治理入手,由学会邀请有关专家，深入车间、处室，提出了扭亏为盈的全局性的建议和措施。企业采纳后，他们又向工厂的各级干部传授如何对生产各个环节进行分析、优化和综合治理的方法，提高了生产经营水平。该厂1992年完成扭亏1500万元。李象益实地调研后认为，这家学会的经验很值得推广。

强化技术培训和新技术应用，提高企业技术水平，是"厂会协作"活动中应该注意认真总结，并推广经验的重要方面。天津的飞鸽自行车集团公司的经验，就得到了李象益的大力推广。这是一家拥有3万多名职工、年产自行车600万辆的特大型轻工企业，但在生产经营中存在着许多矛盾和问题。中国机械工程学会在与该公司的协作中，从提高人员素质入手，举办了两期"工业工程"知识培训班，发动参训人员结合实际进行自我"诊断"，共提出需要解决的课题30项，从而解决了生产经营中存在的问题。

基于许许多多实地调研的经验，李象益认为，推进"厂会协作"要因地制宜，探索并创造形式多样、内容丰富的新做法和新途径；与此同时，也要吸取各试点过程中的实践经验，创造性地开发"厂会协作"的新形式。1993年12月2日，就这个问题，中国科协科普部与学会部在重庆联合组织召开了"厂会协作"经验交流会。在这次会议上，李象益发表了自己经过深思熟虑的见解。

在"讲、比"活动中，涌现出许多先进人物，湖南株洲车辆厂的青年高级工程师曹阳就是其中之一。他是该厂产品设计处副处长，时年38岁。有一次，博茨瓦纳共和国进行运盐敞车的采购招标，曹阳被要求负责投标的准备工作。为此，他每天只睡5个小时，在一个月内查阅了14万字的图书文献，翻译了3万字的资料，终于使中国一举中标，开创了中国批量出口铁道车辆的先例。不仅如此，曹阳主持

> 李象益说："江南造船厂围绕一个项目开展'厂会协作'，取得了重大成果；而西南车辆厂则主要是进行综合治理，解决扭亏为盈问题；山东淄博市科协开展了'厂会一对一'的结合，在基层厂会之间开展'一对一'地结对子，并且解决了问题。由此可见，'厂会协作'中只有因地制宜，才能各有千秋。在实践过程中，'厂会协作'一定不能搞形式主义，而是要把工作落在实处。"

完成或参与的工程项目，有好几个都获得了奖励。其中，D35 长大货车获得了国家质量银奖。他还曾带病担任运送超大电机的技术指挥，做出了许多贡献。因此，他在湖南省"讲、比"活动中连续两次获先进个人称号。李象益听闻他的事迹后，深受感动，提议要大力加以宣传。

在推进全国厂矿企业开展"讲、比""金桥工程""厂会协作"等活动的过程中，中国科协科普部还编制了《厂会协作项目》名录，并刊载了《全国性学会简介》，为推动厂会"联姻"做了大量的具体工作。作为科协及其所属学会服务于经济建设主战场、促进科技与经济结合的有效措施，这 3 项活动在全国范围大力推广，形成了厂矿科协工作的高潮。

在李象益担任中国科协科普部部长的时期，他不仅关注大型厂矿企业科协的发展，也致力于推进乡镇企业科协的建设。他敏锐地看到，乡镇企业是中国经济建设的主战场之一，科协工作要为经济建设服务，就必须进入乡镇企业，建立组织，开展工作，发挥作用，在深化改革中拓展科普工作领域。

1994 年 4 月，李象益带队到苏州模具厂调研。在那里，他提出要促进大中型企业和中小型乡镇企业结缘，向中小企业进行技术辐射，将"讲、比"活动"移植"、扩展到乡镇企业中。在这一次调研中，他也了解到苏州辖下的县级市张家港正在对乡镇企业科协开展培训，培训人员达到了 20 万人次。在李象益看来，这是一个好做法。之后，中国科协科普部与江苏省科协联手，把组织乡镇企业科协，广泛开展科技培训，提高职工科学素养，建设"科技工作者之家"的经验，向全国进行了推广。

在中国科协书记处领导下，李象益带领科普部全体同志，精心组织了两年一次的全国"讲、比"活动表彰交流大会，形成了对厂矿科

↑ 在基层厂矿科协工作研讨会上

协工作巨大的推动力。他注重把握群团（群众性团体组织）工作的规律，运用典型的带动作用，开创了厂矿科协工作的新局面。

1992年6月，时任国务院副总理邹家华出席了全国"讲、比"活动表彰大会。他在讲话中强调，"讲、比"活动已经成为政府与群团联手，推动厂矿企业改革、创新、发展的创举和有效实践。

在开展科普工作的同时，李象益也重视和倡导科普工作的理论研究，并因此得到了上级领导的关注。1994年的一天，时任中国科协党组书记高潮走进李象益的办公室，看见桌上放着他就深入推进科普工作写就的一则手记。高潮书记带回去，阅后感到很高兴，就叮嘱办公厅打印出来。随后中国科协办公厅以公文形式转发了李象益写的《深化改革、提高层次、突出重点，推进科普工作上台阶》一文，并附了高潮书记的眉批，要求机关全体同志学习。

1994年8月26日，高潮书记在李象益写的这篇文章上做了眉批："很好，一口气阅读完，建议印送各部门领导参考，同时希望不断看到有更多的处以上干部写出这方面的作品来。"

开展首次公民科学素养调查

在中国科协科普部部长任上，李象益推动和开展了我国首次公民科学素养调查，成为他科普生涯中一件极为重要的事件。

1966年美国科学促进会发表了《公众理解科学》报告。1985年，英国皇家学会的报告也以《公众理解科学》为题发表。进入20世纪90年代后，日本也提出"增进国民对科学技术的理解"。

从深化"科普"这个概念的角度来考虑，"公众理解科学"更加强调公众在科技活动中的主体地位。公众对科技活动的主动参与、理解和支持，是科技发展的根本动力，同时也能更好地反映出公众对科技的态度和科普活动的效果。这一提法在国际上已然形成共识。

开展科学普及工作的目的，在于提高公民科学素养，而普及的成效如何，公众的科学素养是不是得到了提高，迫切需要调查、研究，这还需要一个科学的评估监测标准。

美国学者约翰·米勒认为，科学素养应该是个多维度的概念。1979年，他首次提出科学素养三维度理论模型的雏形，在《科学素养的测量》一文，他全面表述了公民科学素养的3个相关维度：第一个维度，是个人关于科学知识的词汇量，足以阅读报纸或杂志上的科学争论所涉及的基本科学概念；第二个维度，是要求人能够理解科学探索的过程或本质；第三个维度，则是在某种程度上理解科学技术对个人及社会的影响。如果一个人的3个维度都达到合理的程度，就反映出一个人可以理解媒体报道中对科学技术政策问题的争论，并且拥有理解其重要性和参与争论的能力。

1991年春，米勒专程来中国访问，带来了公众科学素养调查的课题，希望能在中国实施，了解中国公众对科学的态度以及科学素养状

↑ 天津科普周活动现场

况，开展国际范围的对比研究。之后，这一研究课题转到了中国科协。

李象益说起这项研究计划时的第一感觉："我们干了这么多年科普，对于提高公众科学素养这样的目标，却从未有过一个量化分析，更没有一个评估标准。这件事很有意义，值得干。"这一想法得到了常志海书记的肯定。科普部会同中国科普研究所等单位，组织了研究队伍，在国内率先开始了这一课题研究。

1991年下半年，首次由中国科协系统进行的中国公众科学素养调查，在全国200个县同期开展。虽然这个项目经费很少，各地科协经验也不足，但在基层，这件事仍然成为非常重要的工作，并且由县科协主席亲自带队，进村入户开展抽样调查。

从1992年到1995年，中国连续四次开展公民科学素养抽样调查，获得了第一手数据。中国人民大学、中国科普研究所等研究机构开展了建立模型、数字统计等大量工作，进而进行了国际对比研究。李大光、葛霆、刘威等课题组的研究成果，受到了国际同行的关注。

科技传播和科学普及工作的成效，有了一种国际化的标准可以监测衡量。这对于国家制定相关科技政策，特别是制定如何提高公众科学素养方面的政策，提供了科学的依据，填补了公众科学素养研究领域的一项空白。

研究成果还首次被写入《中国科学技术指标》黄皮书。1992 年的调查成果《中国公众的科学素养和对科学技术的态度》，收录进 1992 年的《中国科学技术指标》（科学技术黄皮书第一号），《中国公众对科学技术的理解与态度》收录进 1994 年的《中国科学技术指标》（科学技术黄皮书第二号）。此后，每次调查结果都以一章的篇幅，收录进《中国科学技术指标》。

↑ 中国科学技术指标

1992 年 8 月，"公众理解科学"国际会议在日本东京召开，李象益作为中国代表团团长，在会上做了《中国公众科学素养研究报告》的英文演讲，第一次向世界发表了中国公众科学素养的研究成果。这份报告支持了米勒提出的公众科学素养的测评标准。

从 1992 年至 1995 年，连续 4 届"公众理解科学"国际会议分别在日本、美国、英国和中国召开。每一次会议，李象益都会作为中方团长率团参会。在这些会议上，与会各国交流了各自的公众科学素养调查的状况，研究了调查的对比结果和调查方法等。

2000 年 6 月，中国科协建立"中国公众科学素养变化观测网"的建议，批复由中国科协继续组织进行中国公众科学素养调查。"中国公众科学素养变化观测网"建立后，在全国共设立了 201 个观测点。这使得中国公众科学素养的研究，由过去的感性分析或单纯的典型分析，进入到应用社会学研究方法进行的重要阶段。

多年以后，李象益在接受媒体采访时表示："公众科学素养的标准是要发展的；对公众科学素养的研究和标准运用，不应该是静态的、

> 看到有人在国际会议上发言并支持他的观点，米勒非常高兴。还没等李象益发言结束，他就跑到会场门口等候。待到李象益一出门，米勒就兴奋地说："Prof. Li（李教授），非常感谢你的支持，明天一定要请你吃饭。"

绝对的。目前，即便标准还不是很完善，通过定量分析，还是能够看出定性的问题。作为一项指标，它对科普工作水准的提高具有很大的推进作用。在目标确立、机制建设、工作方法和思路上，都给我们提供了相应的参照。"

首次"公众理解科学"国际会议

1995年10月，第四届"公众理解科学"国际会议在中国举办。

科普部牵头组织，国际部、国际科技交流中心支持，成立了由中国科协、国家科委、国家自然基金委等机构的领导和专家组成的组织委员会和学术委员会。李象益不仅是中国代表团的团长，也全面组织、协调大会的工作。在他看来，这是更好地学习和借鉴国外"公众理解科学"工作先进做法和经验的良机。

经过近一年的准备，1995年10月，来自美国、英国、日本、法国、墨西哥、南非、菲律宾、荷兰、挪威等14个国家的102名代表，汇聚北京中苑宾馆参会。这是改革开放后，中国举办的首次科学技术普及领域的国际学术会议。

10月16日上午，大会隆重开幕。中国科协书记处书记张玉台，中科院院士汪德昭、王大珩、裘维蕃，国家自然科学基金委员会副主任陈佳洱、中国发明家协会副会长张开逊，美国芝加哥科学院副院长、公众理解科学国际比较协调委员会负责人米勒，英国科学促进会执行主任彼得·布里格斯，韩国科学基金会秘书长尹泳宏，以及中国有关部门的领导出席了开幕式。

会上，有关反映中国公众理解科学方面的报告《公众与科学》《中

中国科协书记处张玉台书记说："今天，公众的科学素养状况，决定着科学技术发展的后劲，决定着国家的可持续发展能力。开展公众理解科学活动，不仅极大地提高了公众的科学素养，也对公众参与科技实践和科技决策产生了积极的影响和推进作用。科学技术需要公众的理解与参与，公众更需要科学技术。"

国天文学的普及》《前进中的中国公众理解科学技术事业》《为公众服务的中国气象科普》《科学普及在高等院校中的功能》等，在会议上也都引起了国外学者的兴趣和重视。

美国、英国、瑞典、日本、韩国、中国的专家介绍了各国开展公众科学素养调查的情况。调查展示了各国公众科学素养状况及其异同，即反映出亚洲国家与西方在公众理解科学方面的特点和共性。

国外代表对这次会议给予了高度的评价。普遍认为，中国在"公众理解科学"领域做了大量的工作，无论活动还是研究，都值得世界各国学习和借鉴。

从"公众理解科学"的概念传入中国，到组织公众科学素养调查，相关工作一直受到国家的高度重视。

1996年，中国科协向国务院上报了推进公民科学素养建设的计划，提出到2049年，即中华人民共和国建立100周年时，18—69岁的公民都应具备基本科学素养水平的宏伟目标（简称"2049计划"）。

2006年3月20日，国务院颁布了《全民科学素质行动计划纲要（2006—2010—2020年）》，这是中国第一部提高全民科学素养的纲领性文件。以中国科协等10多个部委为成员单位的国家《全民科学素质行动计划纲要》实施工作领导小组，将办公室设在中国科协，全面推进这一纲领的实施工作。

2015年，中国科协开展了第九次公民科学素养调查，中国公民科学素养水平达到6.21%，已经接近欧美发达国家20世纪90年代的水平。

李象益说："根本没有想到，我们首次开展的公众科学素养调查，日后会产生这样大的影响。"

事实上，对中国公众科学素养的研究与调查，已成为科普理论建设的重要内容，一直影响着科普工作的深化发展。正是基于这些数据，中国规划了科普工作的定位、性质、目标和功能；而对科普效果的监测、评估等方面的研究，为国家制定相关科技政策和规划，提出了有益的参考和依据。

参与起草第一个政府科普文件

从 1978 年开始的改革开放，给整个中国带来了全新的气象，经济社会得以快速发展，科技是第一生产力的理念深入人心。但是，打开窗户，"清新空气"进来了，"蚊蝇"也会跟着飞进来。

20 世纪 80—90 年代，封建迷信在一些地区沉渣泛起。根据媒体报道，某省的一个村子，三分之二的劳动力都以算命为业，是远近闻名的"算命村"。在部分农村，一些人热衷于封建迷信活动，通过伪科学谣言或拙劣的把戏制造恐慌气氛，甚至骗取钱财。这些丑恶现象，引起了时任国务委员兼国家科委主任宋健等国家领导人的关注。在 1994 年的一次会议上，宋健专门指出：泛滥的封建迷信这种社会现象，政府必须要管一管。可以让中国科协和国家科委一起做，出台一个加强科普工作的意见，对农村地区的科普好好抓一抓。

中国科协领导层意识到，这是一个推进科普工作的重要契机。政府部门的重视和介入，以及相关文件的出台，不但能解决好基层科协组织面临的诸多困难，而且对于中国科普事业的发展，也将起到根本性的推动作用。

这项任务落到了李象益负责的科普部。他旋即与部里同志一起，积极参与到一份重要文件的起草中。他们一方面广泛收集资料，研究分析科普面临的形势和问题；一方面奔赴各地调研，召开多种层次的专题座谈会，了解基层科普情况和存在的困难，广泛听取各方的意见建议，积极为科普工作争取良好的政策环境。

经过数月努力，科普部提出了文件的框架和要点，明确了科普事业发展的纲领性内容：

——提出科学技术的普及程度是国民科学文化素质的重要标志，事关经济振兴、科技进步和社会发展全局的观点；

——要使科普工作发挥作用，促使经济建设转移到依靠科技进步和提高劳动者素质的轨道上来；

——在工作方法上，提出要动员全社会力量，多形式、多层次、多渠道地开展科普工作，传播科普知识、科学方法和科学思想，使科普工作群众化、社会化、经常化；

——在领导机制上，提出要建立由国家科委牵头，各有关部门参与的联席会议制度，统筹协调全国科普工作；

——在加强法制化建设方面，提出要加快科普立法步伐，使科普工作尽快走上法制化、制度化的轨道；

——在科普对象上，明确要把科普重点放在青少年、农村干部、群众和各级领导干部四个方面；

——在加强科普设施建设上，明确要加强科普场馆建设，并纳入各地的市政、文化建设规划，作为建设现代文明城市的主要标志之一；

——在建设科普的社会机制方面，提出要鼓励全社会兴办科普公益事业，充分利用大众传媒，开展多形式科普宣传等。

这个框架被提交给国家科委政策法规司汇总，大多数观点都得到了采纳。

1994年12月5日，中共中央、国务院下发《关于加强科学技术普及工作的若干意见》，对中国科普事业发展的方向、重点、目标、内容、方式途径等，都做了相应的规定，同时明确了科普工作在经济社会发展中的重要作用。这份文件指出，科普工作是国家科技工作的重要组成部分，并强调各级党委政府要加强对科普工作的领导，在组织建设、经费投入、设施建设、运行机制等方面，支持和促进科普事业发展。

这是新中国成立以来，由中共中央、国务院下发的有关科普工作的第一个全局性的政策文件，在科普事业发展中具有里程碑的意义，对新时期科普工作产生了积极而重大的影响。这一全面论述科普工作的纲领性文件，为2002年6月29日颁布实施的《中华人民共和国科学技术普及法》，奠定了重要的基础。

第七章 建设创新的二期新馆

> 一栋取法于 DNA 双螺旋结构的大楼，展现出强烈的未来感，把人们的目光，吸引到**中国科学技术馆**的二期展馆。这充满科技元素的**"生命螺旋"**，成了**北京城**又一处**新地标**；从莫比乌斯带里获取灵感的"三叶扭结"，用蓝白相间的灯光，谱写出一代**科技馆人的情怀**。
>
> **李象益**再度入主**科技馆**，全身心投入**规划建设二期项目**，每一个展品、每一个细节，都倾注了他**百倍精力**和**全部的热情**。**科技馆**如同他哺育的一个**新生命**，从头到脚，展示出前所未有的科技魅力。

"我愿重回科技馆"

1995年8月,李象益的人生轨迹又一次发生了改变。

中国科协新上任的党组书记张玉台,在对中国科协做过全面考察后,对中国科技馆的发展与建设进行了战略性思考。他认为,这是一个有特色的窗口,要立即找一个合适的人,全面推进中国科技馆的建设。新任领导的这个想法,跟已经深深爱上科技馆事业的李象益,有了不谋而合的机缘。

那一天,张玉台书记在河北省考察调研,李象益等人也一同随行。吃过晚饭后,张玉台与陪同的河北省科协党组书记段怀慈等道了别,大家准备回房间休息了。不料,张书记先开了口:"象益,你晚上有空吧,我们坐坐。"李象益心里一怔,觉得领导一定有要事相商。

李象益进入房间刚坐下,张玉台书记便开门见山地说:"我在科学院和科委工作多年,从来没有看到过像科技馆这样有社会显示度的地方,这是我们最好的公众窗口。现在,科技馆班子面临换届,也需要全面推进科技馆的建设,干部必须调整一下。我觉得应该找一位懂科技的同志去负责。你曾经在科技馆工作多年,我想听听你的意见。"

张玉台书记是一位受人尊敬的老领导,组织原则性强,一般不会随意与部下商讨人事问题;如果他真的这样做了,一定是想听听真实的想法。李象益爽快的回答:"我愿意回去。"这个回答还是有点出乎他的意料。他温和的目光在眼镜后一闪:"你真愿意回去?"李象益没有犹豫，再次坚决地表示我愿意。张玉台书记对这个坚决的回答，沉思了片刻，满意地点了点头。从科普工作的全局出发，或许这也是他认为最妥切的方案。

李象益选择重回科技馆，似乎有点儿不可思议。他担任中国科协科普部长4年多，已经完全进入了角色，各方面工作都理顺了，正是可以做出成绩的时候。在这种情况下选择离开，对自己的事业肯定是一个损失；再说，科技馆这几年也遇到不少新问题，处理起来一点也不轻松啊！

多年以后，在纪念中国科技馆建馆30周年的一篇文章里，李象益写道："我当时感到，建设科技馆是一个实实在在的事业。从北航调到科技馆，在北三环这块当时尚未开垦的土地上，我迈进了开始创业的新天地。那时候，我与同事们一起耕耘探索，充满着对未来的憧憬，我对中国科技馆怀有深深的感情。科技馆一期的建成，毕竟是个未竟的事业。我依恋着这个事业，全面建成科技馆的诱惑，激励我去完成那条未走完的路。"

中国科技馆选择了李象益，李象益钟情于中国科技馆！

1995年9月，李象益在阔别中国科技馆4年多之后，再次回到这里担任馆长，全面负责科技馆工作。

中国科协书记处书记常志海专门约他谈话："回去以后，面临的工作千头万绪，但是一定要记住小平同志的话，'发展才是硬道理'。希望你继续开拓，我们全力支持你开展工作！"

常书记的话，点亮了李象益的心，给了他方向，也给了他信心。他决心办好科技馆，带好这支队伍，要用新思路、新办法、新措施，推进中国科技馆建设与管理的腾飞。

展厅蜕变，重振信心

上任后，李象益先把科技馆里里外外看了个遍。

一连几天，他在展厅里来回转，逐个观察展品，详细地向观众询问观展的感受，了解他们的评价。紧接着，他分别召集班子成员、中层干部等科技馆团队的不同群体，举行了座谈会，了解干部和员工的真实想法。

李象益原本打算调研和准备3个月后，再拿出改革、创新的方案；可不到两个月，他就觉得思路清晰了，心里有了整体构想。

10月中旬，他召开了全体干部职工大会，提出了"经过5年努力，建成中国科技馆二期"的目标。李象益把它概述为：以"目标建设，深化改革，坚持两手抓"为工作方针，以推进铸建"团结、协作、求实、创新"的优良馆风为保证，凝聚全馆力量，形成"大会战"的格局，夺取建成中国科技馆二期的新胜利。围绕这篇振奋人心的动员报告，中国科技馆开展了全体干部职工的大讨论。听着馆长激情饱满的报告和他描绘的美好前景，大家心里一下子亮堂起来了。

中国科技馆很快进入了"战斗"状态，先做了两件大事：第一是以整顿馆容为基础，将综合业务楼重新翻修；第二是改造一期展厅，重新向社会开放。李象益统筹全局；刘继东、葛霆两位副馆长分别负责相关工作，任务明确，各司其职。

中国科技馆开始了蜕变：清退了所有由个人承包的商品摊位，员工回归正常业务；整顿队伍作风，严明纪律；综合业务楼全面翻新，展厅重新改造。

中国科技馆是中国科技界和科普界的对外窗口，是社会各界关注焦点。中国科协书记处领导时刻关注着这里发生的一切。张玉台、徐善衍、常志海等领导多次来到科技馆召开现场会，听取专题汇报并指导工作，对新任馆长的工作给予了最大的支持。

3个月过去了，中国科技馆从里到外都焕然一新。

1996年3月，中国科技馆重新开放揭幕仪式隆重举行。时任全国人大常委会副委员长雷洁琼、全国政协副主席朱光亚等领导出席，对中国科技馆的美好未来给予了热情的鼓励和期望，主流媒体也热情地报道了这一新变化。

很快，参观者接踵而来。先前冷清已久的展厅，又看到孩子们欢快的身影；辅导员亲切而甜美的声音，再次回荡在展厅的每个角落。

1996年5月，中国科协第五次代表大会在北京召开。大会临时增加了一个议程，安排代表参观重新开馆不久的中国科技馆。

李象益深感责任重大，既是一次难得的宣传机会，又是正式考验中国科技馆建设水平、管理水平、服务水平的重要时刻，更是宣传科技馆这一新型社会教育理念的最佳时机。接待好、服务好"五大"代表参观，展示中国科技馆的风采，充分体现其精神风貌，成了一项最为重要的任务。

↑ 接待中国科协第五次全国代表大会代表参观中国科技馆

李象益亲自部署，制定了周密的接待方案。

5日下午，1000多名中国科协的"五大"代表，乘坐10多辆大客车，浩浩荡荡驶向中国科技馆。李象益和领导班子成员在门口迎接，全体员工穿着统一的全新馆服，精神抖擞地列队欢迎。

现代化科技馆的展示理念，反映科学思想和科学方法的特色展品，使他们备受感染。代表们有的在展台前驻足观看，似乎在揣摩展品的奥秘；有的细心听讲解，并不时提出问题，进行详细询问；而那些有着丰富互动环节的展品，更是吸引了很多代表的注意。

"科学中心"教育思想的魅力，让这些来自科研一线的科学家、各地科协干部感到新奇而有趣，给他们留下了美好的回忆。

这次"五大"代表们的来访参观，是对中国科技馆重新开馆半年来工作成绩的大检阅；代表们的评价和赞扬，给予中国科技馆的团队以极大的鼓舞。

"跑断了腿也要上二期"

中国科技馆作为国家科技馆，面临着提升发展、走向未来的责任担当。一期展厅经过几年的开放，从规模到展品，都已远远不能满足公众的需求。1995年末，中国科协书记处正式决定，启动建设中国科技馆二期工程。

说易行难，中国科技馆二期建设，需要面对太多的难题。为二期工程争取立项，就是第一个需要攻克的难关。

当时，正是全国"两会"期间，李象益想，如果能够争取到"两会"代表的支持，对于中国科技馆二期工程上马，一定具有极大的推动作

↑ 筹划二期建设时的李象益

用。这一想法，得到中国科协领导的支持。大家一致认为，应当动员全社会支持科技馆建设，让"两会"代表们在呼吁"中国科技馆二期应尽快上马"的议案上签名。但要获得这些签名并不容易，不仅时间紧迫，而且要让代表们理解科技馆的理念并予以支持，还要进行许多解释和说明。

那一段时间，李象益和基金会的田英日夜奔波在路上，每天往"两会"代表驻地跑，趁代表们吃饭、休息的时间，或者各次会议的间隙，争取代表们的支持和签名。

李象益一直有晕车的毛病，不能长时间坐车；但是为了获得代表们的签字，又不得不在北京各大代表驻地会场奔跑。他好几次都因为晕得厉害，只好将车停在马路边；有时车还没有停稳当，他就冲了下去，大口地呕吐。等到眩晕稍稍缓解一些，他不休息便继续出发，奔赴下一个驻地。

1996年11月6日，68名全国人大代表联名提出第0879号提案，要求将中国科技馆二期列为"九五"期间国家重点工程。紧接着，109名政协委员再次联名提出第1325号提案，要求在"九五"期间建

当时，司机刘祖建看他呕吐的样子，一再劝他歇歇再去。李象益坚决地说："全国两会就这么几天，不能签到名，事情就办不下去。就是跑断了腿，也要争取上二期。"

成中国科技馆二期工程。"两会"代表们把目光和力量聚焦在一起，为科技馆建设发出了最强有力的呼吁！

全国政协提案委员会、教科文卫委员会马上回应了提案。部分在京的"两会"代表和委员，与国家计委、中国科协、北京市政府等进行了工作会商。40多位政协委员聚集在中国科技馆，举行科技馆二期建设的专题座谈会。会上，代表们纷纷发言，支持中国科技馆建设。一位熟悉国外科技馆发展状况的政协委员，旁征博引，滔滔不绝，列举国外科技馆场对社会教育的巨大影响和作用，足足讲了半个多小时，关切之情，溢于言表。

在场的国家计委有关负责同志当场表态，要把代表和委员们的意见建议带回去好好进行研究，一定给大家一个满意的答复。作为这一段历史的参与者，李象益见证了"两会"代表、社会人士和科技工作者为中国科技馆二期建设付出的真情与努力。

1998年2月10日，国家计委正式批复，将中国科技馆二期工程列入建设计划；财政部也在最短时间内安排了建设经费。最先获悉这一消息的李象益眼眶湿润，争取"两会"代表支持的那些辛苦、疲劳，还有之前不被别人理解的委屈，都一扫而光了！

科学泰斗的无私情怀

中国科技馆二期得以立项，是党和国家重视科技工作的体现。它的规划建设，凝聚着科技工作者的集体智慧，倾注了社会各界的关爱，成为一项有广泛社会影响的国家工程。

当时，在中国科协原党组书记高振宁推动下，创立不久的中国科

> 李象益说："一批老科学家、老领导，出于对国家科普事业的关怀，把科技馆建设完全当作自己分内的事，积极奔走、呼吁，为推动中国科技馆二期建设，做出了感人的业绩。"

基金会老领导侯祥麟、白介夫、胡启恒、孙家栋、顾方舟等人

技馆发展基金，制定了"以建设好中国科技馆二期，发挥样板示范作用，推动全国科技馆发展"的工作方针。钱正英、侯祥麟、白介夫、胡启恒、许嘉璐等一批知名专家学者，怀着对科技事业的高度责任感，积极参与到基金会的工作中，做出了许多人想象不到的贡献。

中国科技馆二期启动最困难之时，钱正英等几位老领导、老科学家率先联名给中央领导写信，呼吁尽快上马建设中国科技馆二期工程，揭开了全力争取工程上马的序幕。

侯祥麟带头多次找石油工业部所属单位协商，组织捐赠活动；他还精心策划，从天津海上油田相关部门找到一台采油的叩头机，由天津海港搬来放在科技馆院内。这台天天"叩头"的油田机械，让观众们直观地了解了石油原油的开采的过程，成了科技馆院内一道亮丽的风景。

胡启恒则运用自己在计算机领域的影响和机缘，使美国英特尔公司（Intel）先后在中国科技馆一期、二期展厅内设立展区。这些展区在传播计算机相关知识的同时，也有效地帮助英特尔传播了"微电子技术"这种品牌效应，实现了"双赢"。因此，英特尔公司后来时常夸耀说："我们在中国也设立了一座科技馆。"

许嘉璐利用与时任北京市委书记、市长贾庆林会面的机会，争取北京市政府对科技馆建设的支持。不久，市政府专门委托一位副秘书长，主持协调中国科技馆二期的上马工作，帮助解决建设中遇到的具体问题，大大加快了建设进度。

在中国科技馆二期开工建设的时候，白介夫已经从北京市副市长、市政协主席的位置上退下来。他主动跟踪督办，要求北京公交公司把"农林局"站更名为"中国科技馆"站。不久，10多条公交线路的站牌全部改名为"中国科技馆"站。

担任基金会常委的孙家栋、顾方舟等科学家，对建设中国科技馆二期，也是有求必应、随请随到，无私地支持科技馆建设。

作为馆长又是基金秘书长的李象益亲历了这一切。他深情地说："这些本来与科技馆没有直接关系的老领导、老科学家，无私地支持科技馆建设，给全馆同志以极大的鼓舞。他们无私奉献的精神，深深地感染着中国科技馆人。"

"以全新思路建设二期"

1998年2月24日，中国科技馆二期工程破土动工。李象益日夜思考着一个最为重要的问题：中国科技馆二期，应该建设成一个怎样的科技馆？

此前的几年里，通过对世界科技馆教育创新发展的跟踪、研究，李象益在科技馆建设理念和技术运用两方面，有了全新的认识。现在，他有了一个更高的目标，建成一座高起点、有创新、有特色的现代科技馆。如何把先进的理念、美好的目标和公众的期待变成现实，是最

↑ 中国科技馆二期建筑外景

能考验智慧与毅力的。

　　创新是科技馆建设的生命之源。中国科技馆二期从理念建设到展品设计、从组织管理到团队建设，都贯穿着"创新"这条主线。甚至，创新的工作，从科技馆建筑设计之时便已经开始。

　　李象益提出，要以建筑（外观）创新为突破口，改变北京市区公共建筑样式过于陈旧古板的状态；或者说，科技馆建筑的设计，必须是超前和创新的，必须坚持建筑形式和内容完美结合，建筑形式必须服从功能需求的原则。

　　1998年初，中国科技馆二期新馆向社会公开征集设计方案，一时应者云集。最后，经专家严格评审，航空工业规划设计院设计的寓意为"生命螺旋"（DNA）的主体建筑一举中标。这个建筑引人关注生命科学的前沿领域，而且造型新颖、含义丰富，并与一期工程自然衔接，暗合了古代中国人"地方天圆"的宇宙观念；从色调和风格上看，二期新馆设计都体现了现代科技意识，让人耳目一新。

　　这个新颖、充满生命活力，而且富有科学内涵的建筑，在顺利竣工之后深受公众的喜爱，成为北京的新地标。在安华桥畔，不少参观

> 李象益总结了科技馆教育特征对建筑的要求，提出了科技馆建筑应充分体现"功能分区明确，凸显教育特征，弹性使用空间，关注节能降耗"的设计原则，成为馆区设计和整体布局的指导理念。

↑ 中国科技馆二期建筑外貌

者都以此为背景拍照留念。而且，人们意外地发现，从展馆南面北三环路的方向看，"生命螺旋"有些像昂起头的狮子，而且恰好和位于东侧的穹幕影厅相互呼应，让人联想到"狮子滚绣球"这个中国传统的吉祥图案。于是，有人也把这座新展馆誉为"东方醒狮"。

在确定展馆建筑设计外的同时，更为重要的展厅内容设计也全面铺开。如何起步建设中国科技馆二期新馆呢？李象益认为，如果没有先进的理念，就没有高水平的实践。这就必须站在时代的新起点上。

李象益和设计室的同志们，精心研究了中国科学院院长周光召写的《迈向科技大发展的新纪元》和中国工程院院长朱光亚写的《当代工程技术的发展态势》两篇文章，指出科技发展方向和重大科技领域，成为开展二期设计的"索引"和理论依据。

1997年6月，李象益着手组建以设计室为主的展品设计研发核心团队。他们基于之前确定的展示内容选择标准，广泛调查研究、汇集中外资料，编制设计方案，邀请了胡启恒等31位院士，以及多个行业、学科的专家参与研讨，对设计方案进行了充分论证。

1998年2月，中国科技馆二期工程"展厅常设展览初步设计"获得通过，并开始根据6个大组250件展品征集目录，向社会公开征集设计方案。清华大学、北航、北理工、北工大及科学院、一机部机械

李象益说："创新理念的运用，注重创意策划对设计的导向作用，注重在理念指导下的创新设计，是中国科技馆二期展示内容设计的指导思想。"

李象益在研究、总结了建设二期新馆的定位、指导思想后，提出了展示内容应符合下列的原则：反映国家在经济发展和社会进步方面迫切需要普及的科技内容；反映未来世界科技发展趋势，展示内容具有前瞻性和导向性；基础知识、前沿科学与高新技术等应用技术相结合；注重典型性展项的设置，突出体现新型社会科普教育特征；每个展区内设置演示性表演和重点展项，形成展教亮点；力求展示内容与形式完美结合，充分体现现代科技馆展览教育的特色。

设计院等高校、院所都积极参与，80家单位最终成为赢家，承担了二期展品的设计、研发与制作任务。

打破学科界限的新展厅

最终建成的中国科技馆二期工程里，以反映时代主题、社会热点、科技前沿、贴近生活为内容的18个展区，包括生命科学、信息技术、航空航天、能源、交通、新材料等。以综合技术分类命名的展区，打破了按学科分类设置展区的理念，体现了现代科学教育思想在新技术革命时代的应用，突破传统，引领创新，成为全国大部分科技馆展示分区沿用至今的模式。

这些展区中，包含有脑科学、心理学、人体生物技术、数字家庭、电子商务物流、智能化与机器人等最前沿的科技话题，以及磁悬浮技术、虚拟现实技术、超导列车现场体验、太空舱对接演示等国内自主研发的展览项目。此外，长江三峡建设工程综合效能等展项，展示了当代中国科技发展的辉煌成就；三叶扭结、铜绿山采矿展示等大型展项，也体现出令人惊叹的创新性。

"中国古代科技展览"是中国科技馆的特色展区，凝聚了科技馆展品设计团队的创意和智慧。在二期新展厅内又增加了

↑ "虚拟世界"展厅

↑ 工业机器人《舞剑》　　　　↑ "电子商务物流"展项

纺织、造纸等传统手工艺的现场表演，使展览变得更为鲜活。以"四大发明"为标志的中国古代科技对人类文明宝库的巨大贡献，令人印象深刻。

二期的展示与展品设计，强调主动学习的理念，引导公众参与，互动的展品与演示项目高达70%以上，在展示古代科技的展项中，也充分体现了科技馆新型教育的特征。为了创造性地体现全新的科学教育的理念，中国科技馆的团队在展品的设计、制作等方面，付出了艰苦的努力。

1998年，正是二期展示工程启动的关键阶段，李象益将目光投向了日本等国的科技馆，组织伍振家、邵杰、张承光、刘锡印等8位展品研究和设计方面的业务骨干，赴日本的14个科技馆考察，学习借鉴先进科

↑ 遥控模拟技术展项　　　　↑ 二期古代展

↑ 航天宇宙仓对接展项

技展示经验。

　　为考察团送行时，李象益说："这次去日本，馆领导一个都不去，只派遣业务骨干，就是想要你们几个'取到真经'；考察团回国时，一定要带回50个可供参考的创新展项！"

　　这有点像古代的"军令状"，目标清晰，责任重大。这种对国外先进展教理念虚心学习的态度，反映出中国科技馆对二期工程展览和展品创新度的渴望。

　　在二期展厅中，脑科学展区是颇为特殊的展区。它的背后，是高度重视科技事业发展的党和国家领导人，对中国科技馆寄予的深切期望。

　　1999年2月22日，时任国务院副总理李岚清第二次来到中国科技馆视察。李象益被安排做了专门讲解，专题汇报二期建设情况。李岚清副总理仔细听取介绍，观看展项及演示，不时地问一些非常专业的问题。他一边看一边说，科技馆是科教兴国的基础设施，是素质教育的重要场所。

　　当时，李岚清副总理分管科技和教育，他特别关注素质教育，认为脑科学是搞好素质教育的生理和心理基础，在科技馆参观时，他特意提出："你们要是能搞个脑科学的展示，我支持。"李象益听罢，马上说："感谢岚清副总理的关心，我们一定要好好规划，办一个精彩的脑科学展区。"

接到任务后的李象益，和馆里一批年轻人马不停蹄，迅速行动，抽调了业务骨干邵杰、王兴宽同志组成项目组，赴北京、上海等地高校、研究院所，走访脑科学、心理学、医学等方面专家，确定"脑科学"展区的主题，并制定脑科学展览大纲。为了获得脑科学最新的科技信息，李象益专程到北京大学听李亮教授讲"实验心理学"课程，学习脑科学与心理学的知识。

不到6个月，一个由邵杰、王兴宽主持、策划的展示脑科学、心理学原理，探索如何培养创造性思维，阐明素质教育科学机理的"脑科学"展区，在中国科技馆里建成了。有一个展项，是8吨多重的"旋转心理试验台"。当人们从这个庞大的转筒中间穿过的时候，由于脑突触的神经反应，会有随着旋转方向而倾倒的感觉。这个基于实验心理学的展项，是二期展项中的"巨无霸"，成为最受公众喜欢的创意展品之一。后来，还被广泛应有在国内科技馆，经过改装调整，演变成"时光隧道""光影幻觉"等展项。

调查和体验是创新之本

在二期的展厅里，一些展品是如同古代君王寻访隐居的贤才一般，通过实地走访得以发现和引入的。给不少参观者留下深刻印象的"机器人乐队"便是其中的代表。

1998年10月，为了给二期展馆的展览吸收更多的创新资源，李象益亲自带队参加深圳高新技术成果博览会（高交会），为科技馆"寻经探宝"，拓展设计新思路。

在高交会现场，李象益听别人说起，有一家中国香港特区的公司设计的机器人，正在深圳的东大门地区里演示，就立即带队奔向东大门。在那里，他们看到了一个液压操作、动作协调，充满"科技感"的机器人，它的表演吸引了一大批观众。李象益认为它确实是一个潜在的优秀展项，就当场拍板选中这件展品。他和团队立即返回高交会现场，找到这家公司并迅速进行谈判，不到两个小时，就签订了合作开发的合同。

李象益觉得，如果只有机器人表演，展项或许会过于单薄。刘锡印等展品研发业务骨干经过精心思考，提出了一个别出心裁的创新方案：由北京电影机械研究所设计了抽象造型的机器人乐队群，与这个真人大小的表演机器人合二为一，组合成"机器人乐队"展项。丰富多彩的表演，配上美妙的音乐，这个迎宾"机器人乐队"出尽了风头。

⬆ 引人入胜的"机器人乐队"

在布展阶段，这个表演机器人还有一段有趣的小插曲：由于需要通过海关，这个表演机器人"迟到"了，等它被送到北京的时候，中国科技馆二期的布展工作已经快要结束。因此，科技馆只能将它和已经建成的机器人乐队展项，安排在大厅的入口附近。这个意外的安排，却是"歪打正着"。开馆之后，这个展项扮演起了演奏"迎宾曲"的角色，成为展厅中令观众印象最为深刻的亮点之一，中央电视台和北京电视台也在新闻中多次进行了报道。不少前来参观的人，特别是孩子们，都最喜欢与这个"机器人乐队"合影留念。

在二期的展览设计过程中，运用"他山之石"提升展览品质的例子还有很多。李象益说，他参观过世界各地的包括科学中心在内的将近 200 个科技博物馆，发现了不少值得学习和借鉴的地方。吸收发达国家的优秀展览设计经验，并且"洋为中用"，被他铭记在心；每一次进馆参观，都被他认为是最好的学习过程。

在著名的德国慕尼黑德意志博物馆，每个开放日的上午 10 点或下午 3 点，馆里会准时响起震耳的铃声，吸引观众跑向"高压放电"展区，欣赏强大的电流产生光弧的科学魅力。在巴黎发现宫，"高压放电"则被设计成主题式的互动体验教育课。

李象益与他的团队总结了这些世界级科技馆的成熟经验，进行大胆创新。于是，在二期展馆里，精心设计了高压放电表演。中国科技馆一期的高压放电展项只是设置有"平板放电""雅各布天梯"等几件高压放电展示设备，二期展馆则在二层辟出一

↑ 高压放电舞台

块更大的区域，增加了特斯拉放电、人像尖端放电等，成为当时国内最大的"高压放电"演示剧场。达到 1 兆伏的特斯拉放电表演，发出极为炫目的"人造闪电"，每每引起观众的阵阵尖叫，令观众兴奋叫绝、惊叹不已。

在展品创新之外，对展厅装饰风格的营造也不可或缺。如何在布展风格上，体现出科技馆的时代特色和现代意识，让它有别于当时北京市拥有的 106 个博物馆呢？

李象益想到了一个"笨办法"，调查和体验是最好的学习。他带领科技馆处级以上干部，乘坐一辆依维柯汽车，先后到中国科协常委会议室、亚运村国际会议中心、中日友好环境保护中心等地参观，对不同的室内设计风格进行比对，体会什么是"时代特征"与"现代意识"。走到最后一站时，大家看到这里的室内设计，以当时国际流行的天蓝色和浅灰色为基调，简洁明快，与设备和设施表现出的科技感紧密契合。这个典型的高水平案例，使大家看到了建筑内部设计与现代科技的完美结合，对中国科技馆二期的展厅内部设计，心里也有了底。

走社会化办馆之路

二期建设中，李象益高度重视借助社会力量，建立起精彩的展区，获得了约 4000 万元的社会捐赠，大部分来自高新技术企业。通过与企业合作共建实现展馆建设的创新之举，李象益成了"第一个吃螃蟹的人"。

时任中国科技馆发展基金办公室主任的田英回忆说："李馆长重视引入社会力量参与科技馆的建设，使科普教育与企业科技创新成果

李象益说："科技馆建设要善于借助社会力量，将科普教育与企业科技创新结合，引进国内外企业参与科普展示，推进高新技术与最新科技成果在科技馆及时亮相。"

相结合。他常常带着人四处拜访企业，与企业领导层交谈，千方百计争取支持。"

在二期兴建的时候，现代移动通信正在成为当时科技界的热点之一。因此，科技馆决定与北京电信局（中国电信北京公司的前身）等单位一起共建"现代通信"展区。但由于企业不太了解科学中心的展教特点，以为只是要建成一个科技史博物馆，便准备提供一批旧通信设备作为展区的主要展品。

李象益闻讯后，一下子急了，这样的展品显然并不是中国科技馆需要的。在两个月的时间里，他不下五六次与电信局相关领导沟通，不厌其烦地介绍现代科技馆的教育理念和展示特点。最终，他说服了电信局领导，取得了共识。现代移动通信展区按照要求进行了重新设计，展示了电信技术在远程教育、远程医疗、物流递送、家庭自动化等领域的应用，以及当时非常前沿的虚拟现实技术（VR），成为反映现代通信领域最新科技成果的一个创新展区。

这个展区里的许多项目，都成为当时人们的热点话题。

一个名叫"家庭自动化"的项目，是由观众操控计算机，通过互联网连接"家中"的摄像头，模拟现代电信技术带来的"天涯若比邻"

↑ "虚拟头盔"展项　　↑ "微电子技术"展区

↑ 与北京电信共建"通信技术展区"签字仪式

的感觉。这种在今天已经走入千家万户的技术，在当年却是相当前沿，因此给人以强烈的新奇感。

直接引进国外公司，在中国科技馆里设立展区，是李象益的一项突破性举措。

早在二期工程尚未兴建的时候，中国著名的计算机专家胡启恒院士就运用自己的业缘关系，为中国科技馆引入了美国英特尔公司的计算机教室，使青少年观众有可能在馆内学习计算机。待到二期工程开始建设，胡启恒院士继续争取英特尔公司在二期展馆内设置了"微电子技术"新的展区，也使英特尔公司在中国科技馆内保有这一块"品牌宣传阵地"，实现了"双赢"的局面。

但在与英特尔公司的谈判中，对方提出全部参展展品的产权仍归美方所有，并保留随时撤出的权利。科技馆对此有一些意见分歧，致使谈判一直久拖不决，甚至一度出现英特尔公司要求在指定期限前签约的紧张对峙局面。

李象益对此进行了仔细分析思考，认为根据信息技术日新月异迅速发展的趋势，计算机类展品有不断更新的特点，毅然决定按时签约，确保英特尔公司的展品按时在馆展出。事后证明，这一决策是完全正确的。英特尔公司5年后就主动提出全面更新设备，并无偿捐赠给中国科技馆。

还有一个细节，展品过海关的时候，英特尔公司想要让中国科技馆支付展品的入关税。李象益告知英特尔公司，如果因为这一笔费用而不来参展，那么中国科技馆将邀请 AMD 公司（英特尔最大的竞争对手）来"补位"。英特尔很快支付了这笔税金，布展工作也如期展开。看来走社会化的路，有时候用一用"竞争机制"也是很管用的。

"人机对话"

与德国大众汽车公司共建的"汽车技术"展区，则始于一次巧合。当大众汽车公司在北京进行新车型的展览，原本要把展品运回德国。李象益闻讯后，就联系了车展的负责人，希望将展品留在北京，放在中国科技馆里展出，作为一个永久性的"品牌宣传阵地"。这项建议令大众汽车公司颇感兴趣，很快与中国科技馆达成了合作协议；来科技馆参观的人们见识到了这辆名牌的老汽车。

与福特公司共建的"福特 T 型车展"，与杜邦公司共建的"新型材料技术展项"，与中国造币总公司共建的"人民币防伪技术展区"，中国消防协会捐建"消防知识展区"，国家地震局捐赠"地震检测知识展区"，来自企业或事业单位、行业协会的特色科技展区，为科技馆展品征集，走社会化的路子，提供了成功的范例。

李象益认为，企业创新成果是科普教育创新的源泉。走社会化建馆之路，既为国家节约了大量资金，也展示了最新的技术成果，为科技馆展示可持续发展找到了新途。他这种社会化建设科技馆的工作思路与方法，归纳成了 8 个短语，即：借兵打仗、借权发力、双赢思想、拿来主义、竞争机制、样板宣传、媒介扬名、有偿回报。

不忘培养研发与创新人才

引进技术成果和优质展品，不是建造一座优秀科技馆的全部；拥有自行"造血"的能力，方是可持续发展的关键。

李象益深知，如果缺乏高水平的人才队伍，特别是缺乏能够"攻坚"的创新团队，建设和管理现代化的科技馆就将会困难重重。

担任馆长之后不久，李象益就有了培育科技馆人才成长的明确思路。在这次建馆的过程中，经过细致调查摸底，做出了人才双向选择、实施技术带头人牵头负责展区的决策。目的是有效地提升团队的凝聚力，调动创新积极性，促进科研人员成长，造就一批科技馆建设、管理方面的优秀专业人才。

对于人才的培养与管理，李象益有自己独特的思路和方法，那就是"充分信任，用其所长"。

在二期展馆的设计中，展馆大厅中央是一处面积较大的展位，放在这里的展品，一定是具有特殊意义的展项，称为"标志性展项"。它取代了常见的呆板的"前言"，以具有动态形象的表达，反映科技馆的核心教育思想。这一标志性展项，让走进科技馆的人都会有一个强烈冲击感，对科技馆的第一印象中了解科技馆的教育理念和本质。

1998年初，科技馆开始面向社会征集二期展馆的标志性展项。科技馆先后与10多家设计制作单位接触，寻求好的设计方案。这些设计制作单位"各显神通"，提出了包括水运仪象台、航天技术模型、科学家群雕、大型记忆合金展示、无土栽培植物群落、水钟、水动机构、

法国实验物理学家让·巴蒂斯特·佩兰在1937年为巴黎发现宫的前身进行布展的时候，找来一具非常高大的范·德·格拉夫起电球，放置于展馆入口大厅的穹顶之下，以吸引人们入场参观。让·佩兰认为，这件展品可以带来"奇观感"，能够唤起人们对基础研究的关注。或许，这便是科学中心"标志性展项"的起源。

组合伸缩球、滚球（能量穿梭机）、超导磁悬浮等在内的多个方案。

但经过专家讨论，这些方案都不尽如人意。李象益最终拍板："由我们自己搞！"

时任设计室主任邵杰带领一班人，吸取了大家的意见，从数学上的莫比乌斯带中得到启发，提出了"三叶结"（又称"三叶扭结"）的方案。这个展项宽 10 米，高 12 米，带宽为 1.65 米，由一条三棱柱带经过盘绕，再将其中一端旋转 120° 后首尾相接，构成三面连通的"三叶扭结（带）"的造型，由原来相互独立的三个面变为一个连通的闭合曲面；再通过灯光设计，就营造出了一道光束在闭合曲面上循环运转的奇特、令人遐想而精彩的展示。

这个设计有其独特、新颖的创意：在理念上，它运用了数学拓扑学的纽结理论，很好地体现了科技馆教育理念的本质，那就是不仅普及科学知识，而且更加关注科学思想、科学方法的传播，以及激发人的创造思维，培养创新意识；无限循环的光束，寓意着科学技术的无

↑ "三叶结"展项

限发展。这件展项是一个将科学与艺术相结合，显现科学中心教育思想和理念的佳作。

设计方案一出来，就立即得到了大家的认同。它给人们以新鲜的启迪，强烈的冲击。来参观的人们一走进大厅，就因为这件展品，开启了头脑中遐想与探索的大门。这个自主创新展项的诞生过程，对于怎样设计出一个能体现科技馆科学内涵和教育理念的标志性展项，做出了样板与示范，给了设计者们自主创新的激励和信心。

进入攻坚阶段，李象益是最忙碌的人。他亲临现场，主持会议，商量对策。

中国科技馆二期首次在国内设计了信息技术展厅，规模超过3000平方米，需要全新的设计和全新的展品支撑。李象益要求对于世界范围内的前沿信息技术，做进一步的挖掘。在设计室广泛细致的调研后，他果断肯定了张承光等人提出的对可口可乐、英特尔等公司进行实地考察，引进相关技术的意见。随后，邵杰、张承光、王琴组团前往美国、加拿大考察，并进行了商务洽谈，短短10天的时间，完成了多个项目筛选任务。优选了美国英特尔展区的最新展品，引进了虚拟排球、虚拟乐队等一批展项，在消化吸收的基础上，创作出了许多形式新颖、内涵丰富的新展品，为新馆展示增添了前所未有的新鲜气息。

李象益对科技馆展品设计团队，既信任依靠，又严格要求；既坚持集思广益，又按程序办事，绝不放任自流。他组建了科技馆的技术委员会，并出任主任，为技术人员"坐镇"。在他坚持和推动下，重要展项技术方案的最终确定，都要经过反复论证，使每个展品、每项设计都做到减少失误，不留遗憾。他还制定了一系列严格的展品制作项目审批和分级管理制度，建立了完整的技术档案管理制度，做到了科学管理，有序推进。

他十分注意调动专业人员积极性，尊重发挥专家型人才的作用，形成创新的"大合唱"，前面提到过的"机器人乐队"的诞生就是一个生动的例子。在苦于没有好的思路来实现"机器人乐队"这个项目时，他就着手调动人才，集中多家单位参与攻关，组成了跨学科、多方面专业技术人员的团队，包括机械设计、自动控制、计算机应用及展览设计等，由设计室副主任刘锡印牵头主持，集思广益，反复修改，最终设计出了既有创新性又有感染力的展项。

科技人员的培养需要环境和土壤。因此，李象益一直注重提升科技人员的综合能力，尤其是动手能力。他注意听取技术人员的意见，在新馆建设财力有限的情况下，拨出专款，在馆内建立了加工车间、综合维修车间等，并且要求技术人员到展览一线去，学习维修、调试和制作等基本技能，并鼓励他们动手开发新展品。

李象益和他所带领的展示工程设计团队，经历了科技馆展品创意、策划、设计、制作的全过程，在实践中受到了系统的训练，成了一支有事业心、懂得科技馆理念、有创意能力的技术团队。邵杰、伍振家、刘锡印、张承光、陈杰成等人，都成长为科技馆建设的中坚力量。后来，张承光研发的"书本科技馆"（一种特殊设计的科普书），获得了2006年度国家科技进步二等奖。这是迄今为止中国科技馆界获得的唯一的国家大奖。

"生命螺旋"开馆轰动京城

2000年4月22日，中共中央总书记江泽民欣然为中国科技馆题词：弘扬科学精神，普及科学知识，传播科学思想和科学方法。这一

弘扬科学精神普及
科学知识传播科学
思想和科学方法
江泽民 二〇〇〇年四月十三日

江泽民总书记为中国科学技术馆题词

↑ 江泽民总书记为科技馆题词

题词，给中国科技馆提出了明确要求，为中国科普事业的发展指明了方向。

4月29日，是一个春光明媚的日子，中国科技馆二期终于建成开馆。中共中央政治局委员、时任北京市委书记贾庆林，全国人大常委会副委员长、中国科协主席周光召，全国政协副主席钱正英等中央领导，以及300多位社会各界代表出席了隆重的开幕仪式。

开幕式剪彩之后，时任国务院副总理温家宝又专程来到中国科技馆。他对微电子展区、现代通信展区的远程教学、远程医疗等展品，以及脑科学、心理学展区都特别感兴趣，不仅细致地观看了展品，还不时向陪同参观的李象益提出问题，了解相关情况。

中国科技馆二期新馆开馆轰动了京城。

这座全新的展馆，建筑面积达23000平方米，展览面积为13000平方米。两周之内，中央电视台连续播放了14次相关的新闻。紧接着的"五一"长假期间，参观科技馆的观众达到了高峰，日参观客流量达到创纪录的2.2万人次。参观者排起了一千米多的"长龙"等待

温家宝在参观之后勉励大家说："一定把中国科技馆这块新型教育阵地办好，为提高公众和青少年科学素养做出新贡献。"

↑ 雏鸡孵化展项

↑ 大脑模型

↑ 二期开馆排起购票长龙

购票。原定的两个售票窗口，也临时增加为 8 个。

不少观众在留言簿上留下了他们的参观感言，还有对中国科技馆未来发展的衷心祝愿：

"我为中国能有这样宏大的科技馆而自豪！"

"内容非常丰富，科学的魅力，神奇的科学世界，在这里一定会让我的孩子爱上科学。"

"科技馆能给我们增加许多课本上学不到的知识，激起了我对科学的向往、对科学家的敬慕。"

"科技馆带给我从来没有过的快乐！激起我的好奇心。"

"在这里，中国古代的科技成就，使我见到了我们祖先的聪明才智，也见到了他们对人类文明宝库做出的卓越贡献。"

"这个馆的展示，极大丰富了我对这个世界的认识，激发了我的求知渴望，是其他的公众设施无法比拟的，使我对自己的专业重新燃起了爱的火花。"

鞍山市的一个小朋友，在开馆的第二天，就与他的爷爷一起乘火车赶来。爷爷说："（我的孙子）看到中央电视台的报道，很激动，第二天非来不可！"

中国科技馆二期的建成开放，令许多科技馆同行兴奋不已。这座崭新的科技馆，从创新理念、展示内容与形式的结合，到展项对先进技术的运用，再到体现现代意识、时代特征，都可以成为新建科技馆的借鉴样本。山西科技馆馆长孙祥润说："中国科技馆二期竣工开馆，推动中国科技馆事业发展上了一个新台阶。"

中国科技馆二期揭开了科技馆建设的新篇章。它体现的教育性、时代性和创新理念，有力地推动了省市科技馆的创新建设，带来了中国大地上科技馆建设的又一次高潮。

"科技馆就是我的家"

团结奋进的集体，是取得成功的重要法宝。李象益和他所带领的设计团队，在这场战役中经受了考验。

在这场攻坚战中，他既是"指挥员"，也是"战斗员"。他几乎没有一天不在科技馆里，也从没有星期日。有一段时间，他几乎每天都与这些"忘我工作的战士"在一起，熬到深夜几乎成了习惯。作为这个战斗集体中的一员，他呕心沥血的敬业精神、脚踏实地的工作作风、严于律己的人格魅力，成为这场艰巨战役的精神支柱和无形榜样。

谈起李象益带领全馆员工，建设二期的日日夜夜，许多员工深情地说，往事像昨天一样，历历在目。

科技馆办公室原主任欧建成说："1997 年 5 月，李馆长和我一起去阿根廷出席国际博协科技委员会的年会。按照原计划，我们要先飞到美国迈阿密，住一晚再从那里转机到阿根廷。飞机到达迈阿密时已

> 李象益说："科技馆就是我的家。我离不开这个集体，离不开这些可爱的人。在设计室里，坐在他们身边，我会感受到一种极大的快乐。"
>
> 多年以后，在《我和科技馆》一书里，李象益回忆起那段奋斗的日子，如是写道："我和他们结下了深情厚谊。我目睹了科技馆事业在中国发展的漫漫征程，一大批风华正茂的年轻人拼搏、奉献、耕耘、探索，逐渐成长为中坚力量，担负起建设科技馆这个重任。一个事业，一代新人，这就是历史。"

是午夜，经过 10 多个小时长途飞行的两人已经很疲劳了。但李象益意外得知当晚从迈阿密飞往阿根廷还有余票，当即决定不出机场找旅馆，转乘红眼航班连夜出发，赶到会场。而到达阿根廷首都布宜诺斯艾利斯后，机场离宾馆很远，我们那时已是筋疲力尽，我提出叫一个出租车去，李象益说出租车比较贵，执意要乘公共汽车去。他的这些想法和做法让我很感动。"

还有一次，李象益和欧建成在巴黎出差，入住宾馆时天色已晚，宾馆房间很紧张，只有单人间了。按规定，李象益作为一定级别的领导，也能住大一点的标准间的，只是费用稍高了一点。他说："超标一分钱也不能住！"最后，他们就在那间狭小的房间里，将宾馆单人床的床垫拆下来，略微倾斜着放在单人床下面，李象益睡在没有垫子的床上，欧建成则睡在床下的垫子上。因为房间很小，倾斜放置的床垫堵住了门，他们想要出门的时候，必须得把床垫收起来。

欧建成说："李馆长就是这样的人，自己吃点亏、劳累一点都不要紧，总是严格地遵守规定和纪律。像李象益这样老一辈的人，总是留给我们许多值得深思和学习的地方。"

从 1983 年进入中国科技馆筹建处算起，李象益在中国科协系统孜孜不倦地工作了 17 年，完成了许多开拓性的工作。他是全国科普先进工作者，中国科协第三、四届先进工作者。

2000 年 5 月，中国科技馆二期建成开馆还不到一个月，李象益就光荣退休了。退下来之后，他做的第一件事，是严格遵守有关规定，马上坚决地交回了馆长专用公车，表现出一位有着 40 多年党龄的老共产党员廉政奉公的高风亮节。

他的一举一动，一言一行，如同他对科技馆事业饱含的深情一样，给中国科技馆留下了拼搏奋进的宝贵的精神财富。

李象益为了提高全馆的凝聚力，在他担任馆长期间，中国科技馆成立了合唱团、京剧队，还购置了军乐乐器。中国科技馆的拿手好戏现代京剧《沙家浜》，曾在中直机关系统小有名气。李象益在"智斗"一折里还扮演了刁德一。

↑ 在中国科技馆迎春会上演唱《沙家浜》

第八章 永不退休的科普人

在**李象益**看来，**退休**并不意味着走进人生"**宁静的港湾**"，而是**新征程的起点**。作为**中国科技馆创业团队**的重要成员，"科学中心"式科技馆理论与实践方面的资深专家，他的**经验**、他的**理论**、他的**热情与执着**，丰厚的经验，使他成为 10 多家科技馆建设的"**智囊**"，他奔波在**全国各地**，热情地**做科普报告**，用随身携带的那只**装满道具**的"**百宝箱**"，**为大众**尽力地**展示着科技魅力**，也让人们看到了他对**科普事业**的**一往情深**。

为自博协引入"新鲜血液"

2000年5月，科技馆二期开馆后不久，李象益正式退休了。

当有人问起退休后的打算时，李象益说："有人说，退休应该进入宁静的港湾；而对于我所依恋的科普事业来说，我倒觉得，这应该是我人生中的另一个冲刺的起跑点。"

人生的轨迹，有曲折，有起伏，也有交集。李象益与科技馆和其他科学博物馆的情缘，并没有因为退休而被切断。他主持的中国自然科学博物馆协会（下文简称"自博协"）的工作，就从退休前一直延续到退休之后：1991年，李象益调任中国科协科普部部长后，经换届

> 离开了科技馆，离开了他热爱的事业，没有机会进行二期工程的全面总结、验收，尤其是对那些在二期建设中做出了贡献的同志们给予肯定和表彰，至今他还感到十分内疚、遗憾。

↑ 自然史专业委员会学术研讨会

大会选举，担任了自博协的常务副理事长兼法定代表人。2000年10月，李象益担任理事长一职，一直到2006年换届，在自博协领导层任职长达15年之久。

在中国，博物馆类学术团体有两个全国性组织，一个是中国博物馆协会简称"中博协"，主管单位是国家文物局，成员以国家或省市级博物馆、文物保护与研究单位为主，属于社会科学范畴，主要向公众普及宣传人文、历史、文化、社会方面的知识；另一个便是自博协，属中国科协领导，在20世纪80年代初成立，涵盖科技馆、自然历史博物馆、技术博物馆、水族馆、自然保护区等科普场馆。自博协设有理论、宣传、组织、外事等专业委员会或工作委员会，是一个跨行业、跨学科、综合性的学术团体。

作为中国科协所属的全国性协会，自博协除了推动学术交流、人才培训、国际交流、专业研究、科普宣传等工作外，还承担了中国科协的一些任务，如政策咨询、协会发展规划、科学普及、社会服务等，对全国科技馆建设、管理的调研、工作指导和政策建议，也是协会工作的一个重点方面。

↑ 江苏科技馆开馆仪式

↑ 为协会组织做科普讲座

李象益担任自博协理事长后，协会改革发展成为他关注的重点。引进企业入会，提高协会活力，便是主要的改革措施之一。

20世纪90年代以来，全国各地兴起了科技馆、自然历史博物馆等科普场馆的建设热潮，它们的展陈（展教）理念也进入发展的关键期。对于新建科技馆来说，如何以科学中心理念指导展馆建设和展厅设计，面临着一些亟待解决的新问题，单纯依靠科技馆的自身力量，已经成为"不可能完成的任务"，迫切需要大胆创新，另辟蹊径。各地已经出现了一些从事科普展品设计、制造的研究机构、企业，正在成为科普场馆特别是科技馆建设服务的一支新生力量。但由于不是很了解"科学中心"教育的理念，这些机构、企业所设计的展品雷同化、同质化现象十分严重，缺乏创新性甚至科学性。

李象益一直在想：是否可以把这些企业组织起来，让它们接受新理念，成为科技馆建设的合格力量呢？进一步说，是否可以吸收企业加入自博协，在协会的引导下，为科技馆乃至其他一些科普场馆的创新建设做出更大的贡献呢？

↑ 中国自然博物馆协会咨询工作委员会成立大会

按照当时协会章程的规定，只有博物馆、科技馆才能成为团体会员，只有科技馆、博物馆的工作人员才能成为个人会员。要吸纳企业入会的改革，必须对章程进行修改。对此，协会内部存在着一些争议，有人担心，改变协会的功能定位，甚至会改变协会的性质。

↑ 全国科技馆改革与发展研讨会（2002年，北海）

李象益坚持认为，改革势在必行。他组织大家学习《科普法》，认真领会"引导全社会都要投入科普事业"这一条款的精神，要求大家进一步解放思想，大胆创新，扫除发展上的障碍。而后，他在协会常务理事会上提出了"吸收科普展品研发企业作为团体会员"的建议。

经过反复酝酿讨论，大家最终达成了共识，将协会章程进行修改，改为"科技馆、博物馆及其他社会力量，支持科普事业发展，认可章程规定的，都可以申请入会"。这项决策，是贯彻实施《科普法》的具体行动，极大地拓宽了协会发展思路，在凝聚社会力量方面迈出了坚实的一步。

天津科技馆原馆长吴凡说："我感受最深的，是李象益理事长根

> 李象益说："依据《科普法》动员全社会支持科普事业的精神，我们协会应该实施有利于科普事业发展，吸收社会力量参与的举措。如果科技馆的技术人员或馆内研发部门加入协会，我们不会有异议。从事同样工作的科普类企业及相关人员入会，为什么不可以呢？社会上的科技馆展品研发能力，我们为什么不加以利用呢？"

↑ 北京市科普志愿者培训班

据《科普法》的规定，提出增设'咨询开发工作委员会'，吸收一些从事科普展览、展品设计的企业加入协会。我受命担任首届咨询开发工作委员会主任，负责具体组织工作，设立了秘书处，起草了工作细则、入会申请办法、考察批准手续等。自博协从全国100多家企业中首批吸收40多家企业入会。这些企业参与到协会的学术研讨、人才培训等活动中，有的还参与了协会组织的国外考察学习，了解了先进的展教理念和技术，并把它们运用到国内的展品设计、制造中来。吸引企业入会这一举措，也加深了场馆科研人员、设计机构与企业之间的联系。李象益理事长还亲自给企业技术人员授课，传递最新的科学教育理念。在企业技术力量的支持下，科技馆的许多创新设想也很快得到落实。事实证明，这项改革措施，增强了企业和科技馆的创新能力，对促进科普产业发展、提升科普场馆建设水平，起到了很大的促进作用。时至今日，我仍然对这一改革带给业界的积极影响感受尤深。"

↑ 在馆长培训班上做《创新与发展》报告

　　馆企合作提高了科普展示的专业化水平，也推动了科普场馆创新能力的提升。经过几年的实践，一批入会企业快速成长，形成了一批有专业水准的设计机构、人才队伍。入会企业的展品设计、制造能力也明显增强，有的已经成为展品设计、制造生产的龙头企业，业绩发展得很快。

　　咨询开发工作委员会作为协会里最有活力的机构之一，成为各地科普场馆建设的咨询和指导力量。温州科技馆、深圳少年宫等科普场馆，在建设中都曾走了一点弯路，咨询委员会及时组织业内专家、企业到现场指导，帮助解决了具体问题。一些省级科技馆建设过程中，咨询委员会都参与立项、评审、招标、验收、指导等环节，取得了明显效果，受到各地的欢迎。

　　吴凡说，李象益理事长积极推动改革、支持基层科技馆建设的事例，还体现在对"全国科技馆协作网"的关心和支持。山西科技馆孙祥润馆长等人发起成立"全国科技馆协作网"，由各地轮流主办年会，对推动科技馆建设起到了积极作用。在武汉召开第十七届年会时，时任国际博物馆协会（下文简称"国际博协"）执行局委员的李象益出席大会，对这一科技馆合作系统表示全力支持。

"走出国门，向世界学习"，是李象益推进自博协工作，顺应改革开放新形势，迈向事业发展新阶段的又一重要举措。李象益高度关注协会的对外交往，积极组织自博协（会员）参加国际学术交流活动，并力主协会加入国际博协，以拓展协会工作的国际视野，提升协会的社会影响力。

1992年，国际博协第十六届大会在加拿大蒙特利尔召开，自博协单独组团出席大会。从此，自博协每年都积极参加国际博协的活动，并将其作为一种惯例，成为国际博协科技馆专业委员会中活跃的一员。

1996年6月，自博协组团参加了第一届世界科学中心大会，与世界科学中心大会这一国际性专业组织建立了密切联系，双方开展了多方面的交流，使自博协及时了解世界科技馆界的发展动态，获取科普场馆建设的最新信息，广泛结识了国际业界的朋友，有效地扩大了协会的国际影响。李象益本人也在国际上建立了"朋友圈"，他与时任国际博协主席萨洛吉·苟斯（Saroj Ghose），国际博协科技馆委员会（CIMUSET）主席、英国曼彻斯特科学与工业博物馆馆长约翰·帕特里克·格林（John Patrick Greene），世界科学中心大会主席、芬兰赫尤里卡（Heureka）科学中心馆长佩尔-埃德温·佩尔森（Per-Edvin Persson）等，都成为关系密切的好朋友。

2005年9月26—27日，自博协在上海举行成立25周年纪念大会，这是协会成立以来最为重要的活动之一。李象益作为理事长，积极争取各方支持，使之成为一次高规格的学术交流大会。中国科协原党组书记、书记处第一书记张玉台，时任国际博协主席亚历桑德拉·库敏思(Alissandra Cummins)等应邀出席会议。会上，中外专业人士进行了广泛的学术研讨，使这次大会成为一次学术性很强的高水准国际性会议。

↑ 中国科协党组书记邓楠给李象益颁发终身荣誉奖

通过积极组织会员参加国际学术交流活动，自博协加强了与国际博协及其他自然科学博物馆相关国际组织，比如北美的科学中心协会（ASTC）、亚太地区的亚太科学中心协会（ASPAC）等的密切联系。它也致力于同港澳台地区相关专业机构进行交流，举办科普场馆互访，促进了中国大陆与港澳台地区在科技文化领域的交流合作。

2003年、2005年，自博协两次被评为中国科协的先进协会。2010年，在纪念自博协成立30周年大会上，李象益这位为中国科技馆和博物馆事业耕耘了数十年的"老园丁"，被授予"终身荣誉奖"。

信得过的"知心谋士"

作为自博协的理事长，李象益在退休之后，也仍然奋战在科技馆建设的第一线。他先后为不下20家科技馆的建设出谋划策，留下了

↑ 贵州科技馆开馆

↑ 河北省科技馆常设展厅竣工验收会

许多动人的故事。

　　早在退休之前，李象益就已经作为科技馆行业的知名专家，为其他省份的科技馆建设出谋划策。20世纪90年代，天津科技馆在刚刚建成时，其建设规模曾经超越中国科技馆一期工程，对全国的科技馆建设发挥了历史性的推动作用。这座科技馆的诞生，既有刘东生院士的真诚劝说，也离不开李象益的热情推介和精心指导。

　　1991年3月，全国人大代表大会在北京召开。天津市市长聂璧初恰巧与刘东生院士同住一室。闲聊之间，聂市长问："去年底，我们还有2亿余钱，您看能干点什么事呢？"担任中国科技馆首任馆长的刘院士不假思索地回答："可以建个科技馆啊！"并当即建议聂市长去中国科技馆考察一下。第二天，聂市长专程来到中国科技馆参观考察。李象益负责接待，详细向聂市长做了介绍，从世界科技馆产生、发展的历史沿革，讲到科学中心教育理念、教育特征及重要文化价值，整整谈了一个上午。临别时，聂市长握着李象益的手，当场拍板："听了你的热情介绍，很受启发。我们也准备建个科技馆，今天就请你当顾问。"以后，李象益时常往返北京与天津，为天津科技馆的建设出谋划策。

↑ 上海科技馆建设论证会

↑ 天津科技馆开馆暨第一届全国科普日活动

20世纪90年代中期，上海科技馆开始建设，主管科技馆建设的左焕生副市长几次到中国科技馆来参观，李象益都热情接待，积极支持上海建设全国一流的科技馆。

当时，上海科技馆的筹建团队，在一些问题上的意见还不统一。比如，有人认为新的科技馆应该叫"上海科技城"，有人认为应当引进市场机制、实行企业建馆运行等。为此，左焕生副市长牵头召开了一个专题会，李象益应邀参加，与会的其他专家还有包括美国旧金山探索馆、法国拉·维莱特科学与工业城、日本国立科学博物馆、澳大利亚国立科学中心（Questacon）等世界著名科技馆的馆长和天津科技馆吴凡馆长。会上，李象益的发言引人注目，他明确地提出上海作为国际性大都市，在中国经济、社会和科技发展方面有着重大影响，应该与国际业界接轨，命名为"上海科技馆"最合适；同时，应当坚持科技馆的公益性质，建设一流的科技馆，不走企业管理的路子。他的发言观点鲜明，有说服力，得到同行们的一致认可，对上海科技馆的最终命名及运行机制等，产生了主导性的影响。李象益认为，建成后的上海科技馆，重视创新发展和人才队伍自身建设，成绩斐然，有优异的社会形象和影响，在全国科技馆建设方面起了很好的引领、示范

李象益认为："为科技馆建设出谋划策不能脱离实际，需要永远在实践中学习。如果没有新理念、新思路和新的实践经验，怎么能指导别人呢？"他曾经担任广东科学中心、安徽、河北、浙江、宁波、云南等省级科技馆，以及恩格贝沙漠科学馆、内蒙古军事科技馆的顾问或首席顾问，也参加了浙江、重庆、广西、贵州等省级科技馆，以及无锡、东莞、芜湖、马鞍山、临沂等地的地级科技馆的方案评审、咨询、策划等工作。

151

作用。

退休之后，李象益有了更多的时间来为全国各地的科技馆建设进行咨询与指导。

广东科学中心是世界上规模最大的科技馆，占地 680 亩，建筑总面积 13.75 万平方米，一期投资 19 亿元。但在建设之初，刚刚组建的筹备团队缺乏对现代科技馆的认知。李象益受中国科协指派，担任了广东科学中心总顾问。8 年多时间里，他从规划、选址、基建直到展品展区设计，全程参与。

对于国家投入巨资建设的这座科技馆，李象益深感应该尽自己所能做好指导，使它能够成长为一座出色的科技馆，方才是履行了自己的社会责任。作为时任自博协的理事长，他也深知参与这样一个特大型建设项目，亲自经历整个过程，才能更好地为指导全国科技馆建设积累经验。

他从培养广东科学中心的团队做起，向他们讲解科学中心的理念、基本特征到传授展示创新方法，以及在实践中如何提高创新的基本技能等，为培养一支"能打硬仗"的队伍，贡献了自己的智慧和经验。

> 2006 年，中国科协决定在北京奥林匹克中心区建设中国科技馆新馆，工程正式启动后，李象益作为专家委员会的成员，一如既往地关心中国科技馆的建设。时任中国科技馆馆长徐延豪说："老馆长李象益对中国科技馆怀有深厚的感情。他对新馆建设积极释疑解惑、建言献策，提出了许多建设性的意见和建议。"

建设广东科学中心这样一个前所未有的巨型项目，展品监理怎么办？他与主持业务的副馆长江洪波等人一起研究，提出从搞工程建设的企业中选拔一支合适的团队，成立一支科技馆展品设计、制作的监理队伍。通过社会征集，宏达公司成为国内第一个建设内容展

↑ 广东科学中心"太空生活"展项

示工程领域的专业化监理公司。

在广东科学中心创新建设上，李象益真正做到了"又顾又问""常顾常问"。他提出，这座全新的科技馆，要形成独有的"特色"和"创新"。

在"实验与发现"展区，改变了国际上科技馆"基础科学"展区惯用的做法，提出运用"过程教育"的思想，更深刻地反映基础科学研究中的科学思路和科学方法。广东科学中心设置了"世界十大经典物理实验"展项，凸显了科学家们如何"从不认识到认识"的发现过程，以及运用科学思想和科学方法揭示现象本质的工作，实现了"基础科学"展区在理念和实践上的创新。

李象益还借鉴新加坡科学中心的做法，把基础科学中反映创新思维与培育好奇心、想象力的展品，放在室外并加大尺寸，做成体验式的展项，最终建成了拥有47个带有参与、互动、体验式展项的室外展区。这一尝试，为全国各地科技馆拓展室外教育空间提供了新的思路。

李象益认为，科技馆应充分运用科学教育中主动学习的理念，强调把科技馆办成"探索体验中心"。在他的引导下，广东科学中心创设了遵循体验式教育理念的17个"科学剧场"，包括电磁表演舞台、儿童家居安全演示、宇航员训练、太空生活、宇宙飞船对接、探索宇宙、太空对话等，准确地把握了"情境教育+过程教育+体验教育"的理念。在"感知与思维"展区，引入了反映脑科学与心理学研究成果，如反映"非注意盲视"现象的展项，使人们在普及科学知识的同时，体验到科学思想和科学方法的传播，成为馆内展示的又一个新亮点。

广东科学中心副主任江洪波说："作为中国科技馆界的顶尖专家，李象益在中心建设之初就参与其中，帮助我们很快建立起科学中心的理念。随着建设工程全面铺开，他参与了许多重大环节。他一直把科技馆界最前沿的展示理念、技术、方法介绍给我们，使广东科学中心的展品、展项始终能带给参观者惊艳的效果，所有这一切与他的指导是分不开的。"

浙江省科技馆的建设、规划和展品设计，同样倾注了李象益的心血和汗水。2003年，新的浙江省科技馆选址于西湖文化广场；但由于广场先期规划未将科技馆考虑在内，因此增建科技馆就需要对各个公共建筑的用地分配进行调整，而这意味着整个广场的工程都要停工等待。科技馆的建设团队面临着前所未有的压力，展馆的规划和展示内容总体设计，都需要在最短时间内落实。

2004年8月，受浙江省政府的委托，省政府经济建设咨询委员会组织召开"浙江省科技馆、自然博物馆布展设计方案"专家论证会，期待有针对性地解决这些问题。会议邀请全国科技博物馆建设方面的14位专家，李象益任专家组组长。浙江省政府咨询委主任（原驻香港新华社社长）张俊生带领省发改委、财政厅、建设厅、科协等部门同志，一起讨论科技馆建设、布展经费等重大问题。在会议讨论中，遇到政府需要拿出多少经费的问题，张俊生主任就直接说："这个问题，要请李象益教授出马，他是这方面的权威。"

李象益向与会人员详细介绍了国外科普场馆的特点，结合我国的具体情况，根据浙江省科技馆规划中3万多平方米的展厅面积，以及体现展品新颖性的要求，提出了一份比较科学、合理的建议。最终，省科技馆与之相邻的省自然博物馆的拨款额度得以迅速落实。客观、有效的专家意见，为浙江省两家科普场馆的建设提供了有效的决策依据。

2005年4月，浙江省科技馆进入展品设计阶段，这是科技馆建设的关键时期。李象益第三次应邀来杭，为浙江省科技馆建设"把脉"。

他介绍了日本3个不同特色的科技馆：体现前沿科学的日本未来馆，体现"人本化"理念的奈良科技馆，强调公众亲身体验防灾避险的大阪防灾馆。他以它们为例，进行了全面的对比分析，给人耳目一新的感觉。这些信息，对正在设计建设中的浙江科技馆具有很强的指导性。

展示规划设计是李象益最为重视的，他全面介绍了国际通用的科技馆展示设计和展品制作流程，并且建议采取"以我为主、中外结合、全面依靠社会"的建馆技术路线。实践证明，他建议的这条技术路线，是符合浙江省实际的，也是完全正确而有效的。

他还讲述了如何将"主动学习，过程教育，科学体验"的科学教育理念落实在展览设计当中，以亲身经验告诫大家，在统筹安排、合理支付的情况下，要高度重视科技馆的"顶层设计"，在设计、制作的过程中如何节约资金，"花小钱办大事"等，情真意切，事例生动，让人深受启发。

> 浙江省科技馆原馆长陈世敏说："李象益教授不但从理念上，而且从技术路线等方面为我们把关，出主意，为浙江科技馆建设花费了大量心血。这个顾问是尽心尽力，全心全意的。"

2009年初，宁波科学探索中心开始建设。由于受各种因素影响，这家科技馆的首次展览设计招标结果不很理想。李象益被聘为总顾问，专门赴宁波进行指导，面向建馆团队认真举办专题讲座，从科技馆的"ABC"讲起，讲解科技馆的展教理念和创新方法，让大家加深了对科学中心理念的理解。之后的建馆工作得以顺利开展，建设进度与质量都得到了保证。

进入21世纪以来，全国各地科技馆建设迅猛发展，形势十分喜人，但也出现了许多新情况与新问题。比如说，一些地方建馆追求"高大上"，而展品设计雷同，创新性严重不足，已经影响到科技馆事业的健康发展。

面对这种情况，李象益很焦急。强烈的责任感催促他多次向中国科协有关领导反映，希望对这个问题引起高度的重视。同时，他不顾自己年事已高，奔赴各地，参加讲座、培训、研讨会、座谈会，大力倡导科学中心理念，指导科技馆建设。

2010年10月，他在短短一个月内走了上海、杭州等9个城市，做了"以创新理念与创新设计方法，推进科技馆教育的深度发展""面向创新能力培养的科技馆教育的创新""中国科技馆事业的实践探索与未来""世博会的启迪与思考""科技馆理念创新与实践"等为主题的多场报告，推进科技馆的创新建设。

> 李象益说："我现在体会到什么是快乐：就像老中医给人号脉一样，'八九不离十'，知道什么'病'。能给别人提出些建议，对于我来说就是最大的快乐。"

创办北师大科普研究中心

在退休的第一年，李象益推动了"北京师范大学科学传播与教育研究中心"的成立。

这个科普研究基地的诞生，与中国科技馆二期策划脑科学展区的工作有些因缘。当时，李象益邀请著名的脑认知科学专家、时任北京师范大学副校长董奇（现为校长），参加脑科学展区的指导工作，他们很谈得来，二人也结下了友谊。

有着高校工作背景的李象益，在中国科技馆建设中，深感高校资源对深化科技馆展教功能有着重要意义。面向公众的科学普及，必须与科学教育紧密结合，及时引进最新的教育理念与方法；科普创新发展必须依靠高校力量，特别是像北京师范大学这样具有很高教育研究水平的高校，是科普创新发展的重要支撑。

董奇作为一位教育和脑科学领域的专家，对科技馆这种直接联系中小学教育的新型教育阵地也非常感兴趣。他认为，科普作为社会教育的一种形式，有着独特的优势；高校与科普结合，可以为高校直接服务社会探索一条新路！

两人心有灵犀，后来在人民大会堂参加一次会议时巧遇并坐一起。交谈中，彼此觉得应该做一件都感兴趣的事。董奇提议，在北京师范大学成立一个科学教育研究基地，两人当场一拍即合。

2000年11月29日，中国科协与北京师范大学正式成立了"北京师范大学科学传播与教育研究中心"（以下简称"中心"）。董奇担任中心主任，李象益任常务副主任，田荷珍教授、李亦菲博士担任副主任。聘请北京师范大学各专业领域的科学教育研究人员、部分外校及研究机构的研究人员为学术指导专家，承担中心的教学、培训、研究和开发等工作。

这是中国科协与高等院校联合创建的第一个科学传播与教育的研究机构。它的中心任务是充分发挥高校的科研优势和教学优势，积极推进学校教育和社会教育有机地结合，促进科普教育向深层次发展，提高公众对科学的认识水平。

中国科学教育与科学传播分为两大块，一是由中小学校、高等院校等单位提供的教育（包括科研院所的研究生），被称为正规教育（Formal education）或学校教育（School education）；另一个是由科普场馆、博物馆以及大众传媒等提供的教育或知识传播，属于社会教育范围，在国外常称为非正规教育（Non-formal education）或非正式教育（Informal education），在中国，则称之为社会教育（Social education）或校外教育（Extra-school education）。从国际惯例做法及国内教育的需求，这两大领域已经呈现出融合发展的趋势。西方发达国家的正规教育和非正规教育相互支持、密切配合，已经成为一个有机联系的教育体系。

中心成立后，在学科建设和人才培养、课题研究、教育培训、咨询服务、对外交流等方面，都开展了有针对性的研究。这些工作试图解决科学普及与科学教育方面存在的问题，共同促进科学教育传播与普及的能力

↑ 李象益与北师大在职研究生合影

建设。

在学科建设和人才培养方面，中心在对公众科学教育硕士培养方案进行调研的基础上，制订了公共科学教育硕士研究生的培养方案与课程计划，并按照这一方案，为中国科协系统培养了10名教育硕士。李象益还参与其中，亲自授课。

在李象益的组织和带领下，中心积极开展科普相关课题研究，探索科学教育、科普理论的发展研究。自2001年以来，中心承担了中国科协、教育部、中国教育学会、北京市科协、北京市科委等部门和组织委托的20多项课题，形成了一批有价值的学术成果。

李象益亲自主持开展了《国内外公众科学教育发展趋势研究》《公众科学教育研究生培养的探索》《学习型社区公众科学教育能力建设的理论与实践研究》《城市社会科普工作创新发展》《基层与社区科普干部队

↑ 在北京郊区讲科普

伍培训方案的理论与实践研究》《城市社区科普资源建设的理论与实践研究》《重点科普创作选题规划的前期研究》《十五期间新建科普场馆调查及发展对策研究》《北京市科普基地发展与科普基地联盟建设的理论研究》等研究课题。这些研究，立足国内科普教育现状，对照国外先进的科学教育理念，以问题为导向，着重破解科普教育理念、方式、手段及创新发展方面的问题。

他联合上海、浙江、广东等地的 7 家科技馆，他牵头开展了《科技类博物馆创新展览与展项设计思路及发展对策研究》，在科技馆建设管理特别是展品创新开发方面，提出许多独到见解。

2008 年，中心被命名为北京市首批"科普培训基地"，承担了北京市科普工作者的培训工作。开设了 15 期科普工作者培训班，培训了 6 个区、县的近 500 名科普管理工作者和社区科普工作者。

"学习单"是美国、加拿大科学教育的一种教学方式。李象益将这种学习方式应用在培训教育中，引导学员进行"自我导向学习"，作为检查学习效果的工具。这一做法，很好地解决了师资和课程资源匮乏的问题，为科普资源的开发和应用提供了鲜活的案例。

> 李象益说："在退休之后，我有更多的时间和精力补上研究科学教育这一课。新理念、新领域所具有的新鲜感和吸引力，激发了我不断探索的欲望，使我产生了新的动力。"

理论新风提升科普水准

在李象益努力下，中心还面向相关部委和社会组织，积极开展科学传播与教育方面的咨询服务。

2002 年，中心与团中央合作，开展了"海尔科技奖"青少年科技创新活动。为了使评奖更为客观、公平，李象益和李亦菲提出了以"科学精神评价标准"来评估比赛成果的新模式。在过去的青少年科技创新赛事上，不少青少年的创作不是自己独立完成，而是找父母帮忙甚至别人直接代做的，这就完全违背了科学精神中"求实"的本意。"科学精神评价标"着重于评估青少年在参与科学实践探究过程中的积极主动作用，特别是他们是否在作品中体现了科学思想、方法和科学精神。比如说，青岛二中初三的一名学生想到，手机是给有视力的人用的，他们可以享受科学的恩惠，那么盲人怎么办呢？带着这个问题，他多次到盲人学校做调查，用触摸点数的办法，经过反复多次试验，设计并成功制造了适用于盲人的手机。这件作品反映的科学精神，使他获得了全国比赛的一等奖。

全国有5万名青少年参加了这次活动，有30人获得创新奖和优秀奖。李象益为活动引入的"科学精神评价标准"，为推进科普活动的深度开发，提高青少年科技创新活动水平，做出了有价值的探索。

2002年，李象益、李亦菲等提出了"第三种学习形态"的新概念，推进"学习形态理论"，为建立学习型社区和科技馆教育创新提供了新的理论基础。中心与中国关心下一代委员会、中央教科所、自博协等单位一起，发起了"学习型社区促进工程"，在人民大会堂举行了启动仪式，产生了积极的社会影响。

2004年，李象益带领中心的人员撰写了《北京市科普创新的理论基础与实施建议》，为政府制定社区教育提供咨询建议。他结合实践经验，研究了如何理解科学精神，如何在科普中实现科学与人文的结合，以及如何选择学习形态等问题。他倡导科学与人文相结合，强调从物质、人力、内容、方法等方面，系统地开发立体化的科普资源，有效地推动了"学习型社会"建设的相关建议。根据这一研究的成果，他在葫芦岛市委理论中心组扩大学习会上做了《创建学习型社会提高公众科学素养》的专题报告，引起在场干部的共鸣。市委书记当场表态说:"过去我们请来不少专家做报告,如同听《人民日报》的总结文章,我们都不想请了;这次请了科普专家做报告,深刻、生动、接地气,这样的专家,我们以后还要多请。"

中心成立至今,已经成为北京及至全国科技教育的专门研究机构。从理论研究到活动策划,从政策咨询到培训教育,都受到社会各界的广泛关注。

2006年,中心加入了北京市校外教育协会并成为理事单位,主要承担校外教育理论研究,推动校外教育研究和实践活动;2008年,北京市教委启动中小学生"社会大课堂"活动,中心积极参与,成为首批"社会大课堂"资源单位。

中心也积极发掘北京师范大学教育人才资源,参与"'百家讲堂'进校园暨海淀阳光少年"主题公益活动,支持北京师范大学学生社团推出百项特色活动课程建设,助力校内外教育的多元统一,实现学校教育与社会教育资源的有效贯通融合,达到教育资源效用效能的最大化。

中心制定了"创新型科普社区"的建设标准,参与评审150家竞争"创新型社区"的单位,跟踪实地调查典型案例,推动典型样板示范作用,指导、推动社区以科学教育创新理念实现创新发展。

2012年,李象益还担任了北京市科技教育促进会学术委员会的副主任,指导北京市科技教育促进会开展面向科技教师的培训工作。他亲自授课,先后培训北京市科技教师上千人次。

依托中心这一平台,积极策划对外科技交流活动,采用"请进来"和"走出去"的方式,开展科普教育交流。2001年,他协助英国大使馆文化交流中心,举办了"2001活灵活现的科学"科普演示讲座,邀请玛丽女王大学的乔治·萨维奇(George Savage)博士,在中国科技馆做题为"生命的活力"的科普报告。

10多年来，中心作为国内第一个科普教育研究基地，为校内外科学教育理论与实践的结合，不断进行着探索与实践，也为科普理念研究建立了新的平台。

担任政府科普顾问

在许多国家，政府都要聘请一些知名科学家，担任政府科学顾问。这样的制度设计，是因为政府决策需要进行专业化评估，了解公众对决策的接受程度。它体现了决策过程的程序规范和公开公正，有助于推动决策民主化、科学化的进程。

在我国，邀请科普专家担任政府顾问，则体现了政府对科普工作的重视。在一些地区，政府关注科普教育对社会经济发展的作用，让科普专家成为科普政策制定的参与者，并根据其专业知识提出咨询意见，以进一步提升和推进科普事业的创新发展。

↑ 在北京王府井书店讲科普

2001年，北京市政府聘请李象益担任顾问团顾问；2015年，他又应市科委之邀，担任科普工作顾问。他参与了北京市科普工作的宏观规划的研究，对此提出咨询建议；他致力于推进科普教育基地、社区科普建设，主持评审科普项目，制定科普社区标准与考核评估；他也参与到科普培训工作之中，通过举办科普讲座，传播科普创新理念和工作方法；通过面向领导干部和公众做专题报告，宣传《科普法》《纲要》等政策法规，有效地增强了社会对科普工作的关注与支持。

在北京市科委开展的科普项目社会征集工作中，李象益多次担任项目评审组组长，确定科普项目的要求和标准，开展评审工作。当时，不少投标单位对"科普"的定义，如何依据"时代主题、社会热点、前沿科技、贴近生活"等需求进行选题和开发科普项目，都不甚了解。为此，李象益多次举办讲座，为高校、科研单位和企业宣讲科普创新理念，引导科普项目社会征集工作走上健康的道路。在他的积极引导下，一些优秀的征集项目不断涌现。

李象益深感欣慰，又将视线投向了科普创新人才的培养，评审中一旦发现有创新佳作或有价值的创造发明，他就在会后约谈作品的主创人员，一起探讨科普创新思路，落实新技术推广或项目推进等问题。

梦想人信息技术有限公司就是李象益在社会征集工作中发现，并积极加以培育的例子。这家公司从事增强现实技术（AR）的开发，很有创意，李象益就向北京三元牛奶厂、北京奥林匹克公园等单位推荐，使梦想人的产品应用于科技展示之中，获得了良好的效果。如今，这个企业的科普团队在增强现实技术应用方面，已经取得了优异的成绩。

身为政府科普工作顾问，李象益自然经常受邀出席科普发展方面的战略咨询会和研讨会。每次参会，他都认真准备发言，提出意见和建议。他的许多见解，成为指导科普相关工作的引领性理念。他还多次担任科普讲解大赛等活动的评委，有时还当场对大赛的意义、选手的表现等做指导性发言。他的点评，既注重理论引导，又兼顾实践层面，具有很强的操作性，深受与会者欢迎。

担任北京市政府科普工作顾问以来，李象益不避寒冬酷暑，长期深入基层参与科普活动，尤其重视对基层科普干部的培养。他每年为学校、社区、企业举办讲座数十场，涉及科普政策、科学教育、社区与基地建设以及科普场馆创新等诸多方面。这位白发苍苍的长者，亲自驾着自己的汽车，奔赴一个个演讲会场，不辞辛苦地向公众普及科学知识，成为大家心目中的科普讲座的"专业户"。

↑ 在基层做科普讲座

北京的各个区县，包括很多位于远郊的偏远乡镇，都留下了李象益的足迹。一年夏天，李象益应邀到密云县（今天的密云区）一个镇里做科普报告。当地住宿条件不好，蚊子特别多，夜里咬得他没法睡觉。他只好跑到楼顶凉台上，光着膀子，打着扇子，一直熬到午夜两点多钟才回屋躺下。第二天一早，他照常起来，给基层干部做了两个多小时的讲座，了解他昨晚"遭遇"的听众，都深受感动。

科研人员出身的李象益，对科普经历了一个逐渐认识的过程。过去，人们都瞧不起科普，认为"没有能耐"的人才去搞科普；李象益却在漫长的实践生涯中认识到，科普也是一门学问。

中国科学院原副院长胡启恒院士对此评论说："中国科技馆在信息技术领域做的科普展示，科学院的很多专家都干不了。院士可以在

北京市科委原副主任朱世龙说："李象益教授担任市政府科普顾问，充满热情与智慧。他的许多好点子、好主意、好方法，为北京科普工作走上新台阶发挥了很大的作用。他应邀到北京市委党校为领导干部讲课，传播科普工作的创新理念，促进了领导干部对于科普的认识，深化了科学普及对于科技创新的重要意义的理解。"

某一个领域里搞得很深很透,但是科技馆需要把'面'搞得很广,科普有它自身的规律和特点。"

在李象益看来,科普这门学问还有一个很大的特点:既要有科学知识的积累,也要有与公众交流、沟通的能力,涉及教育学、心理学乃至传播学的知识和技能。科普活动的成效,会从公众的反应中即刻得到检验。因此他经常说,要研究公众对科普需求是什么;没有针对性的演讲,会是一种不受欢迎的说教。正是得益于对受众口味的深入研究,李象益做科普报告,常让人觉得特别新鲜,特别有"料":既有科学知识、趣闻故事,又有科技前沿理论的阐释,讲得浅显易懂、轻松幽默,还不时穿插游戏互动。不少听过他报告的人都说:"这可不像是年近八旬的人的演讲,思想一点也不守旧!"

李象益说:"对于科普讲座,只要公众爱听,我就愿意讲。不管条件怎样,再远再偏我也要去。"

精彩的讲座背后,是精心细致的备课工作。无论是应邀在王府井新华书店、首都图书馆等场所,向公众做科普报告,还是到科普场馆或企业等单位讲座,李象益都会用心准备每一次"亮相"。他会预先想好教具和模型"出场"的时间点,并反复修改课件,力求讲述生动形象,富有感染力。他说,每一张照片、每一段视频,都是精心设计和挑选的。他要让这些充满感性知识的生动信息,给听众带来多彩的视觉享受,变成他们头脑中理性的认知,以启迪他们的好奇心、想象力。正因如此,他才能做出声情并茂的演讲,并且让公众觉得好听、好看、动心、动情。

每一次外出演讲,哪怕是到外省的偏远地区,李象益也总是随身带着一只"百宝箱",里面装满了精心挑选的科普道具。每次演讲,他就如同一个魔术师,不断从箱子里取出道具,绘声绘色地讲解、演示。

↑ "这30美元花得很值！"

　　这些演示，往往是报告会中最精彩、最令人难忘的片段。而他那只"百宝箱"里装着的每一件"宝"，都十分吻合现代科普教育的理念，常常是既能普及科学知识，又能体现某种科学思想和科学方法，激发人们探究科学的欲望。

　　这只箱子里最有趣、最让人喜欢的道具，是他多年前在美国用30美元买下的伸缩球。这是由美国航天飞机机械臂设计者霍布曼设计的科学玩具，它在张开和收缩的任何一个瞬间，结构表面总会在一个球面上。这不仅反映出机械传动的知识，更展示了一种巧妙的思维和创新设计方法。李象益认为，这个"小球"蕴含着"大道理"，那就是科普教育不仅要普及科学知识，而且要传播科学思想与科学方法。对伸缩球的演示不仅让观众看了开心，能让他们形象地理解科学教育的实质。"这30美元花得很值！"谈起这件道具，李象益感慨地说。

　　2002年、2010年，李象益两次被评为北京市科普先进个人。2004年，他被《科学时报》评为"科普十大公众人物"。2012年全国科技周期间，在首届"科学传播人"颁奖盛典上，李象益荣获"科学传播年度人物"奖；2013年，他又被《中国科学报》评为"科技十大新闻人物"，并受聘为首席科学家……这位科普战线的"老黄牛"，一直为科普事业不懈地耕耘着。

推动科研资源科普化

熟悉李象益的人都知道，他有一个很特殊的身份：中国科学院京区科协首席科普顾问。这个头衔赋予他的主要职责，是推动高端科技资源科普化，为北京市科委、中国科学院等机构的科普工作创新提供智力支持。

作为首都的北京，国家级科研院所、高等院校星罗棋布，专家、学者密集，科研设施、科研场所、科技产品众多，因此在利用好科技资源开展科普宣传方面，有着得天独厚的优势。然而，长期以来，由于体制、机制方面的原因，这些高端科技资源大多深藏在科研机构里，"养在深闺人不识"，一般人很少有机会接触；科研机构很少向公众公开，也很少借此开发成科普资源为公众服务。

许多中学生学了数理化，却不知道有什么用和怎么用。因此，很有必要让他们去了解科学知识是怎样应用于实际，科学技术是怎样推动社会进步的。

于是，自2008年起，北京市科委与中科院战略规划局合作，让科技走出"象牙塔"，帮助青少年与公众理解科学。提出推动"高端科技资源科普化"工作并进行试点。双方决定共同实施"推进科学技术普及，提高公众科学素质"重大专项，在科普领域加强"地院合作"、链接科技创新与科学普及的典型示范，将中科院在北京地区科研院所的科普能力建设推向新高度，实现中科院科普资源的高端辐射，打造科技成果科普化的转化基地，促进科技创新服务于社会经济发展。

李象益直接参与了项目的组织和实施，并提出："要让公众和青少年了解我国的科技工作者是如何站在世界科技的前沿，在'顶尖基础科学、战略先导科技、高端科技制造'等方面的研究中，怎样攀登世界高峰的，从而激励他们学科学、爱科学、献身科学的精神和情操；要凸显过程教育，通过参观和体验，让公众了解科技工作者在科学研究过程中体现出来的科学思想、科学方法和科学精神；通过介绍科技工作者研究的成功案例和应用情况，让公众了解科学技术在推动社会进步方面所发挥的重要作用。"

李象益从中科院京区科研院所的干部培训入手，为他们讲述世界科学教育的先进理念，介绍参与、互动、体验的教育模式，阐述科普教育与科研的关系，探讨如何培养青少年的科学意识和科学精神，激励他们对科学的兴趣，并把这些理念贯穿于高端科技资源科普化项目的实施过程中。

有理念还要有行动。激情满怀的李象益又走进中科院天地生园区，亲自动手"推一把"。他还对位于奥林匹克中心区的天地生园区的每一个院所，如何实施前沿科学可视化、建立适于大规模公众参观的多媒体播放系统，将科技成果转化为公众浅显易懂且富有科学启迪、科学界想的展示出谋划策。

在袁志宁同志等人具体组织下，一批科研院所的科学成果展示室经过改造或调整，成为向公众普及科学的鲜活阵地。

2011年5月，改造工程赶在全国科技活动周前全部完成，使当年的北京主场活动别开生面。中科院京区试点开放的科研院所，都成了公众与媒体关注的热点，成群结队的青少年与家长们得以一起开启"科学游"之旅。后来，这些科研院所的经验，又被推广到中科院在北京的 20 多个研究院所。

中小学生来了，社区公众也来了。实验室神秘的大门第一次向公众打开，科研机构的高墙逐步褪去了神秘感。科研人员虽然依旧穿着洁白的实验服，但他们的身份已经变成了科普讲解员，向公众介绍科研院所里的设施和研究项目，以及他们攻坚克难的科研经历。随着推进"科技资源科普化"的深入实施，科普与科研同等重要的理念逐渐被人们所接受。不仅一批离退休的科研人员开始热心于科普公益事业，一大批年轻的科技工作者也越来越多地参与其中。他们汇成了中国科学院科学普及的生力军，将逐步成为我国科普事业创新发展中一支有希望的中坚力量。

第九章
活跃于国际科普舞台

> 全球化的时代，呼唤视野更为开阔的智者。跨越文化圈的智慧碰撞，往往能激发出绚烂的火花。
>
> 科技馆人如何在世界舞台上发出中国的声音，成了李象益退休后的又一个活动主题，无论是以国际博物馆协会执委的身份，还是以"民间科普大使"的角色，李象益都能活跃于国际舞台，为中国科技馆界带来更开阔的视野和更广泛的人脉。

国际博协第一位中国执委

在国际科普舞台上的活动，贯穿李象益的科普人生。早在执掌中国自然科学博物馆协会（下文简称"自博协"）和主政中国科技馆期间，他就已经在世界各国的同行中广交朋友；退休后，他以开阔的视野、广泛的人脉，开创了中国科普和博物馆界与国际接轨的新局面，助推他成为进入国际博物馆协会（简称"国际博协"）领导层的第一位中国人。

说起李象益活跃于国际科普舞台，就不能不说国际博协这一重要的国际组织。作为博物馆界的国际性机构，国际博协是联合国教科文组织在非政府组织中最重要的合作伙伴之一，与国际奥林匹克委员会并称为联合国教科文组织旗下非政府组织的"一文一武"。国际博协的主要职能是，协助联合国教科文组织统领博物馆方面的有关规划与行动，制定相应发展战略。

随着中国综合国力的不断增强，客观上需要在国际事务上拥有更大的发言权和影响力。中国科协要求全国性学会积极加入国际性学术组织，主动参加活动，在国际组织里发挥作用。

自博协十分重视与国际博协的联系交流。李象益担任理事长后，积极派员参加每届国际博协大会，主动承担国际博协的任务，与国际博物馆界保持了长期的友好往来。作为自博协的领导人，李象益与国际同行广交朋友，保持着密切的工作联系和个人关系，同时积极参与

> 国际博协执行局由15人组成，包括正副主席和1名司库，及12名执委。这15人对国际博协的事务拥有平等的表决权。国际博协执行局会聘用1名秘书长，但他并不属于执委，也没有表决权。

↑ 国际博协执委会全体执委

  国际间的活动，给国际同行留下了良好的印象。短短几年间，活跃且"能做事"的"Mr. Li"在国际博协委员们中建立了稳固的"朋友圈"，收获了广泛的赞誉。随着他在国际博物馆界的影响力越来越大，他在相关组织中的"官"也越做越大了。

  1997年6月，在阿根廷召开的国际博协科技馆委员会上，李象益当选国际博协科技馆委员会委员。一年后，在澳大利亚墨尔本召开的国际博协第十八届大会上，他当选为该委员会副主席。2004年10月，在韩国首尔召开的第二十届国际博协大会上，李象益成功当选为国际博协执行局委员（执委），成为新中国成立以来，第一位进入国际博协领导机构的中国人。

  进入国际博协领导层，是李象益科普人生中浓墨重彩的一笔。对此他却有着清醒的认识：当选执委是国家强大了，综合国力的提升的象征，在一些重要国际组织中占有了席位。这种提升折射于我个人的身上，只有更加努力工作，为国争光！

申办国际博协大会

每三年举行一次的国际博协大会,是国际博协最为重要的国际会议。这一国际盛会的主题选择和研讨,通常反映的是业界共同关注的问题和最新研究成果,可以为不同经济、文化背景下的博物馆专业人员提供交流平台;大会期间组织的博览会、文化活动等项目,则可为公众了解博物馆独特的文化资源,及其在社会、文化、科技发展中的作用,提供重要的契机。

↑ 在巴黎联合国教科文组织总部内,国际博协执委会上

历来受到博物馆业界高度重视的国际博协大会,被主办国家和世界主要媒体所关注,被誉为"国际博物馆界的奥林匹克盛会"。国际博协大会规模巨大,接待规格也很高,不仅有多国政要出席,还会有几千位来自世界各国的博物馆专家、媒体记者等人士参加分论坛活动,在传播层面上具有重要的国际影响。而与大会相关的接待、展会、旅游、交通等服务项目,也可以带来可观的经济效益。

早在 2004 年在韩国首尔召开的第 20 届国际博协大会上,李象益当选国际博协执委后想要做的第一件事，就是把国际博协大会引到中国来。为了这个梦想，他积极开展行动。

借着到巴黎开会的机会，他主动与国际博协秘书长约翰·泽尔夫（John Zvereff）先生联系，试探他的意向。没想到，泽尔夫当场表示赞成，这给了李象益莫大的信心和动力。

来自中国的"李执委"开始了他艰辛的申办之路。虽然这不是一个人在战斗，但他无疑是最勇敢、最积极、最主动、最勤奋、最用心的那一位。

他多次向文化部、国家文物局、中国科协领导做专题汇报，一次又一次向有关部门阐述举办这项会议的重大意义，争取对申办工作的支持。

在社会各界的多方支持下，在国家文物局局长单霁翔以及国际博协中国国家委员会主席张文彬等人的具体领导和组织下，国务院分管领导同意中国申办第二十二届国际博协大会。

一场申办攻坚战正式打响！

从2007年至2010年，作为申办国，国际博协中国国家委员会组织成立了与国际博协30个国际专业委员会对接的相应机构，在北京、西安、广州等地举办了联系人培训，提高与国际接轨的专业水平。李象益多次往返北京、上海之间，参与协调，全力以赴。

李象益充分发挥国际博协执委的作用，与其他执委保持密切联系。

他协调各方资源，使国际博协主席亚历桑德拉·库敏思等国际博协领导人来华考察访问，加深对中国申办工作的印象。

2003年9月，李象益专门邀请国际博协韩国国家委员会主席金秉模来上海访问，介绍成功申办和举办第二十届国际博协大会的经验。

在多种国际会议场合，李象益成为宣传员，宣传介绍中国博物馆

↑ 中国代表团在争办第 22 届 ICOM 大会 　　　　　　　　　↑ 李象益与国际博协主席库敏恩

事业发展的情况，争取国际博协执委们对中国申办工作的关注和支持。

2006年5月29日，国际博协第六十八次咨询委员会暨第一零九次执行委员会会议在巴黎召开。这次大会的议程之一，即是采取无记名投票表决的方式，对第二十二届国际博协大会的举办权的候选城市进行第一轮投票。

对决在意大利、俄罗斯、中国三个博物馆大国之间展开，正如争取奥运会举办地一样，竞争相当激烈，3个国家都显示了强大的实力：意大利在博物馆领域积淀深厚，"人缘"基础好；俄罗斯以首都莫斯科为举办城市，而且政府全力支持，志在必得；中国以上海为举办城市，反映了改革开放后博物馆事业蓬勃发展的朝气。第一轮投票，意大利最先被淘汰了，接下来的竞争将在中俄之间展开。

2007年8月19

> 决出国际博协大会举办城市的过程，与奥运会申办略相似，但只经过两轮投票，而且会在不同的时间进行。国际博协中所有的国家委员会、专业委员会和大洲（洲际）委员会的主席，第一轮投票首先选出两座候选城市，一段时间后进行第二轮投票，最终选出国际博协大会的举办地。

↑ ICOM 中国国家委员会领导成员与外宾在维也纳大会上

↑ 中国取得 ICOM 大会举办权后，部分代表合影

↑ 与联合国教科文组织中国代表团团长在一起

日，第二十一届国际博协大会在奥地利首都维也纳召开，这次大会除换届选举外，还有一个重要的议程，就是通过第二轮投票，确定国际博协第二十二届大会的举办城市。

中国组成了以张文彬为首的代表团，当会议进行到争夺第二十二届国际博协大会主办权的时候，气氛紧张到令人窒息！在双方代表团团长进行了庄严的陈述和承诺后，大会进行了无记名投票。中国以5票的优势击败俄罗斯，取得了主办权。会场上响起了热烈的掌声，中国代表团的许多成员都激动地流下了热泪。

多少个艰苦的日日夜夜，多少次穿梭于北京、上海之间的沟通与磋商，最终促成了中国博物馆界走出国门、走向世界，真正登上国际舞台的新征程！李象益也极为兴奋，所有的辛苦和劳累都被成功的喜悦所冲淡。

在执委会换届选举中，李象益又成功连任国际博协执委。这是中国人在这个重要国际组织中首次成功连任。国际博协的委员们、专家们纷纷向这位满头银发而精神矍铄的 Mr. Li 表示祝贺，赞扬他的敬业执着和辛勤付出。

2010年11月8日，国际博协第二十二届大会在上海隆重举行，来自 122 个国家、地区和国际组织的近 3600 名博物馆界专业人士、政府高官、媒体记者参加了这一盛会。中国博物馆界敞开了大门，迎接全球博物馆界朋友们的光临。

大会规模空前，规格也特别高，成为国际博协成立以来，历届大会中参会人数最多的一届。时任国务委员刘延东、上海市委书记俞正声、文化部部长蔡武等政要出席会议，法国前总统雅克·希拉克、马里前总统阿尔法·科纳雷等政要在论坛上致辞。在以"博物馆致力于和谐社会"为主题的主论坛上，博物馆界知名专家、政要做了 6 场主旨报告。大会还通过了凝聚各方共识的《上海宣言》，成为具有特色的重要成果。毫无疑问，这是一次成功的国际会议，是中国在国际博物馆界舞台上的一次精彩亮相！

这次大会，其实也是李象益国际博协执委任期的终点。在执委任上，他为中国博物馆界、科技馆界与世界接轨尽职尽责，最终画了一个圆满的句号。看到眼前会场上的一切，感受着国际同行们投来的赞许目光，听着彼此真诚的祝愿，曾经亲身参与整个申办过程，又亲眼见证这一空前盛会的李象益百感交集，眼中闪烁着幸福而激动的泪花。

2004 年至 2010 年，担任国际博执委的 6 年，是李象益科普人生中一段非凡的经历。

他通过参加 10 多次国际博协在巴黎召开的执委会定期会议，以及收发电子邮件和接拨国际长途电话等形式，参与了国际博协所有重大事项的讨论、评估和决策，在国际重要组织中表达了中国的"声音"。他在博物馆道德准则建设、打击国际艺术品走私等重大决策中的提议和发言，对这些决定的全面实施起到了积极的推动作用。

此前，国际博协决策主体长期由欧美人士把持，发展中国家基本上没有太多的发言权。李象益主动联合有创新意识的委员，积极推进

↑ 李象益在巴黎联合国教科文组织门前　　　　↑ 李象益作为国际博协的代表，出席在中国西安召开的"文化与世界遗产理事会"，会上与该会主席合影

国际博协的改革发展，为这个拥有 106 个国家会员的国际组织增添新的生机活力，贡献力量。

李象益充分利用他与国际组织、业界机构领导人的关系，积极举荐我国科技馆、博物馆馆长、专家进入国际组织机构，担任相关组织的领导人；他也邀请国际组织专家、美日欧等发达国家优秀科技馆的馆长赴中国访问。他还热心培育年轻后备力量，介绍了多批国内的科技馆技术干部赴国外进行交流考察。

作为大型国际组织决策层的成员，李象益用自己的言行举止、聪明智慧和人格魅力，在国际舞台上弘扬中华民族悠久的文明。他站在全球视角深入地观察思考，兼顾国家利益，提出一些具有重要意义的合理化建议。

他的工作业绩和作风，受到国际博协的萨洛吉·苟斯（Saroj Ghose）、亚历桑德拉·库敏思（Alissandra Cummins）和汉斯-马丁·欣茨（Hans-Martin Hinz）等历任主席、秘书长、执委会同人的尊敬和喜爱。

发起创建世界科学中心及亚太科学中心协会

一个人，凭着自己的才华与能力，受到认可并获得荣誉，当然值得敬佩。如果能将这种个人的能力，化作一种推动力量，产生积极的影响，那就称得上是功勋了。

李象益在国际科普界的重要贡献，集中体现在由他参与发起成立的两个国际间组织：一个是世界科学中心大会（Science Center World Congress），另一个是亚太地区科技馆联盟（ASPAC）。

回忆发起世界科学中心大会的全过程，李象益记忆犹新。20 世纪 90 年代中期，李象益在担任中国科技馆馆长期间，与时任国际博协主席、印度国家科学馆馆长苟斯先生相识，结下了良好的友谊。苟斯曾多次到中国访问，与李象益多有交流。他们对国际博协的意见非常一致，都认为国际博协是博物馆方面的专业国际组织，更多的时候其实是从博物馆角度考虑问题的；而科技馆相比于博物馆，有其独特之处，科技馆行业应该成立某种国际性的合作组织，以推动世界科学中心和科技馆事业的创新发展，更好地发挥新型社会教育的特点，培养时代需要的创新人才，适应新时代的需求。

↑ 李象益与前国际博协主席苟斯

↑ 李象益与世界第一届科学中心大会主席佩尔森在开幕式上

这一建设性的观点，同样得到了芬兰赫尤里卡（Heureka）、科学中心馆长佩尔-埃德温·佩尔森（Per-Edvin Persson）的一贯支持。芬兰、印度、中国等国家和世界科学中心组织（ASTC）、欧洲工业科学联盟等8个国家或组织达成共识，一起筹备成立"世界科学中心大会"，旨在推动世界各国的科学中心（科技馆）事业的发展。

1996年6月，第一次世界科学中心大会在芬兰赫尤里卡科学中心举行，李象益代表作为8个发起国之一的中国，和代表团一起出席了大会。

亚太地区科技馆联盟的成立，则充分体现了中国科技馆界对推动亚太地区科技馆事业的发展所做的贡献。

在1996年第一次世界科学中心大会召开期间，一天晚上，李象益主动与澳大利亚、新加坡、马来西亚、印度等亚洲及太平洋地区国家的代表联络，倡议成立科学中心协作网络即"亚太地区科技馆联盟（ASPAC）"，并就ASPAC成立机构、经费筹措等进行磋商。

李象益提出以"轮流坐庄"的形式，每年一次在一个国家举行ASPAC的会议，并且不常设庞大的秘书处机构，减少人员和经费开支，而每次ASPAC会议的主办方需要负责会议秘书工作。他提出ASPAC成立大会就于1998年在北京的中国科技馆召开。他的这些建议，得

↑ 第一届世界科学中心大会，主席台右一为李象益

↑ 出席第一届世界科学中心大会的中国部分代表

↑ 第一届亚太地区科技馆协会（ASPAC）大会在中国科技馆召开，主席台左一为李象益主持开幕式，左起李象益、佩尔森、苟斯、格林、哈尼曼

到了这些国家代表们的一致赞同。

来自各个亚洲与太平洋地区国家的同行们，对李象益倡导组建ASPAC 的热情，给予了同样热情的响应。

1998 年 9 月 3 日，"北京国际科学中心 / 科技馆学术研讨会暨亚太地区科学中心网络（联盟）第一次会议"在中国科技馆隆重举行。

这是世界科学中心和科学工业博物馆领域的一次高层次会议，国际博协主席苟斯，国际博协科技馆专业委员会主席约翰·帕特里克·格林（John Patrick Greene），菲律宾外交部副部长罗萨里奥·曼娜罗（Rosario Manalo），世界科学中心大会主席、芬兰赫尤里卡（Heureka）科学中心馆长佩尔-埃德温·佩尔森（Per-Edvin Persson），国际非正规教育理事会主席布伦顿·哈尼曼（Brenton Honeyman）等国际科学博物馆界的高层领导人出席了会议。

这是中国第一次召开的有关科学中心和现代科技馆发展研讨的重要国际会议。包括美国、英国、法国、澳大利亚、加拿大、芬兰、日本、菲律宾、马来西亚、泰国、新加坡、科威特、印度等 13 个国家的 34 名外宾，中国各地科技馆的 30 余名代表 100 多位专家参加大会。可以说，这次会议是继 1996 年芬兰赫尤里卡会议之后，世界科学中心领域的又一次高峰会议。

大会主题为"科学中心 / 科技博物馆给公众的教育和启迪"，设置了六项议题：科学中心的发展、科学中心与学校教育、科学中心与社会、科技馆展品设计、科技馆资金来源、现代技术在科技馆的应用。

中国科协副主席、书记处书记张玉台和国际博协主席萨洛吉·苟斯等都在开幕式上致辞，阐述对科学中心发展趋势的看法。

苟斯表示，科学博物馆从"（科技发明的）陈列馆"到"科学的奇境"，已经走过了一段漫长的道路。在许多国家，科学中心形成了一个庞大的科学普及网络，其中一些网络带有国际性质。随着"亚太地区科技馆联盟（ASPAC）"这个新网络的成立，亚太地区科学中心的联动会得到加强，为科学中心建设带来"滚雪球"式的效应。

在这次高规格的科学中心学术论坛上，也有许多引人入胜的报告，大会收到中外论文40余篇；设置了形式多样的研讨，既有论文宣讲，又有小组讨论，学术气氛浓厚。

如今重新翻阅当年的学术报告汇编册，可以发现，除了曼娜罗的《联合国教科文组织在促进亚太地区科学中心/博物馆发展中的作用》、格林的《欧洲科技馆的发展现状》、佩尔森的《成功的科学中心的特点》、哈尼曼的《教育基础设施中的非正规教育基地》等来自政要和科技馆界领军人物的报告，还有法国巴黎发现宫对外关系及社会赞助部主任伯纳德·布拉什（Bernard Blache）的《"发现宫"及其60年来的社会作用》、法国巴黎拉·维莱特科学工业城对外关系部主任伯纳德·贝斯雷（Bernard Besret）的《21世纪科学技术博物馆的发展趋势和挑战》、日本名古屋科学博物馆馆长木通口敬二的《全球升温知识普及展览》，以及李象益本人的《科学中心的魅力与实践——发展中的中国科学技术馆》等报告，都极有见地。很多来自中国科技馆和其他一些国内科技馆的青年学者，也都纷纷登台发表他们的学术研究成果，完成了在国际学术舞台上的首次亮相。

当时担任大会主席的中国科技馆馆长李象益也在开幕式上致辞。他说："中国有句古话：'有朋自远方来，不亦乐乎！'请允许我以东道主的身份，对各位的光临表示衷心的欢迎！这次大会是科学中心领域的一次世界性的高层次、高规格学术交流会议，必将对推动亚太地区和世界科技馆的发展产生重大影响。再过几天，就是中国科技馆建馆10周年此时此地，召开这次国际会议，对推动中国科学中心事业的发展和指导中国科技馆的全面建成，都有着重要的现实意义。"

这次大会，不仅是世界科学中心领域的一次高规格的学术交流大会，也是亚太地区科技馆联盟的起点。从此，亚太地区的科技馆有了自己的地区性组织。

如今，ASPAC 已经成为世界三大国际科技馆组织之一，是继北美科学中心协会（ASTC）、欧洲科技工业展览联盟（ECSITE）之后，又一个科技馆界的重要的国际交流平台。

↑ 与北美 ASTC 协会前主席莱斯利

活跃的民间"科普大使"

李象益主动地运用自己的亲和力及在国际科技场馆界所享有的声誉，积极为我国科技博物馆界和科普专业人士参加国际交流牵线搭桥，成为国际科普界的"民间大使"。

2000 年 3 月，李象益首次率中国自然科学博物馆馆长代表团赴中国台湾地区考察，与当地的科学工业博物馆、科技馆的专业人士进行交流。此后，李象益先后 4 次应邀访问台湾地区，考察高雄的科学工艺博物馆、台中自然科学博物馆、台北教育馆等科普场馆，与台湾地区的同行建立了密切联系。

他还经常邀请业界国际同行专家访华，出席在中国举办的各种科技馆及科学传播的学术会议。2007 年 6 月 18 日与 2010 年 11 月 29 日，

↑ 首届全国数字科技馆国际学术会议（杭州）

↑ 2000年在中国台湾高雄召开的首届海峡两岸科技博物馆交流研讨会上发言

↑ 在2006年北京国际博物馆馆长国际会议上做报告　　↑ 2000年海峡两岸科技博览会

在浙江杭州与嘉兴召开的首届与第二届"数字科技馆技术与应用国际学术研讨会",都离不开李象益的协调努力。作为论坛主席,他热情协助大会邀请了法国、波兰等国的数字技术专家莅临大会指导,并为大会做了主旨报告《数字科技馆建设和应用的探究与思考》,探讨数字科技馆的建设及发展趋势等话题,推动中国的数字科技馆建设与国际接轨。

2009年7月,李象益受中国科协书记处委派,参加了在日本科学未来馆召开的全日本科技馆年会,也是这次会议上唯一受邀的外国嘉

↑ 2009年在日本科技馆年会上做报告

↑ 2011年在广东科学中心召开的ASPAC年会上国际博协主席汉斯－马丁·欣茨、日本科学未来馆馆长毛利卫、教育部原副部长韦钰、李象益

宾。会上，李象益做了题为《中国科技馆事业的发展与实践》的报告，全面介绍中国近20年来科技馆事业的发展状况，引起了业界很大的震动。日本科技振兴财团理事长冲村宪树说："20年前，中国向日本学习科技馆的建设经验，今天，中国科技馆事业的发展使我震惊，我们要向中国学习！"

之后，冲村宪树和日本科学未来馆馆长毛利卫先后率团来华访问，考察中国科技馆、广东科学中心等。日本科学未来馆还与广东科学中心签约结成了友谊馆，成为中日间科技文化交流的佳话。

2011年5月17—21日，亚太地区科技馆协会年会在广东科学中心召开。李象益专门邀请了时任国际博协主席汉斯－马丁·欣茨出席大会，为中国科技馆界与国际接轨穿针引线，也拓展了国际交流渠道。业界同人形象地说："李象益是我们科普与博物馆界国际交流的民间大使！"

第十章 科普教育理论建设的耕耘者

"知识爆炸"、技术与信息的流动**空前加快的世界**，对科技馆乃至**整个科普事业**，都提出了**更高的要求**。执着践行"**科学中心**"理念，**奔波**在**全国各地**的**李象益**，一直跟踪着**科普教育理论**进步的历程。从**创新能力**的培养，到**全新认知理论**的引入，他依然勤恳地在**科技馆建设**和**科普教育园地**中辛勤耕耘。**激发青少年科学**兴趣和创造力，为公众注入**科学思想**和**科学精神**，他始终走在**前进**的大道上，追赶着**时代前进的步伐**。

践行"科学中心"理念落地中国

中国的科技馆事业,在党和政府一系列方针政策指引下,经过几十年的努力,取得了很大的成就,无论是发展规模还是发展速度,都让世界同仁刮目相看。而以实体科技馆、数字科技馆、流动科技馆、科技大篷车为主体的科技馆体系建设,也成为世界科技馆界的一枝独秀。

然而,时至今日,在科技馆建设与发展的过程中,教育浮浅、创新乏力,以及新馆建设教育目标、理念不明确等问题依然存在。这在很大程度上是因为忽视科技馆基本理念的深入理解和实践,以及缺乏对于世界科学教育的不断发展和国际创新理论突破的跟踪应用。

李象益一直十分关注科技馆创新理论和实践的探索研究。他凭借扎实的科研素养与严谨的科学理念,围绕科技馆建设创新、科普教育深化等课题,进行了多方位的探究、思考。他提出的一些重要观点和创新理念,对推动我国的科技馆及科普教育事业发展,产生了积极的影响。

早在20世纪80年代,中国尚处于科技馆事业发展的起步时期,李象益就认为,必须深刻理解"科学中心"式科技馆的基本理念和教育特征,因为这是推进科技馆事业发展与建设好科技馆的根本。或者说,世界科学教育理念的变迁,深刻地影响并推动着科技馆的发展。想要办好科技馆,就需要了解"科学中心"理念诞生和发展的历史沿革。

1957年10月4日，苏联发射了人类第一颗人造地球卫星，震撼全球。这同时也引发了世界科学教育理念的重大变迁。李象益认为，要让更多的人了解在这一背景下，美国从推行杜威实用主义转变为推崇布鲁纳发现法的历史渊源。了解这一变迁的重大历史背景，才能理解弗兰克·奥本海默创建"科学中心"（美国旧金山探索馆）的本质。

从本质上讲，科学中心不是搞知识普及与传播的，而是搞科学思想、方法的传播与创新思维的培养。也就是说，科学中心是把单纯提高公众知识和技能的教育，转变为以培养创新人才为目标的教育。这一点，成为时代催生科学中心最本质的内涵。

同时，李象益认为科技馆将成为担负起时代重任的新型社会教育阵地。随着教育理念的深化，科技的普及和交流将更加活跃，教育将更加富有全民性和终身性。因此，科技馆不应该被看作是一座科技展览馆，而应该被看作一间课堂、一座实验室，乃至一所适合于时代和未来教育要求的特殊学校；科技馆提供的教育，是学校教育的重要补充和延伸，也是继续教育的重要形式，并且为终身教育提供了沃土。

科学中心教育的特点，是要使观众成为知识的主动探索者，而不是被动的接受者，寓教育于其中，培养和激发观众的创新思想和创新能力。

博物馆强调以藏品为中心，更加重视阐明这些藏品的社会、历史、文化和科技价值；而科技馆的展品是科学概念的再创造，它倡导以前瞻性的内容，科学性、知识性趣味性的结合，倡导科学知识、科学思想、科学方法相结合，以及参与、互动、体验的教育方式。简而言之，科技馆与博物馆相比，应当更加凸显教育的原则。

李象益经常强调，对科学中心教育的理念要加深理解，参与、互动、体验的教育方式，本质上是强调主动学习、主动探索与发现，而不是像博物馆那样，通过讲解员的讲解来传授知识，使公众成为知识的被动接受者。

科技馆的活动，要围绕教育来进行。而这种教育，是在传播科学知识的基础上，强调创新精神、创造思维、创造能力的培养。基于这样的认识，李象益主张所有的展示设计，都应该体现深度教育的理念，以及在深层次上体现一个或多个科学原理及其应用；要充分运用STS教育理念，帮助公众准确了解科学和技术与社会的关系，促进科学技术的进步发展。

> STS教育理念是探讨和揭示科学、技术和社会三者之间复杂关系的科学教育构想，它致力于关注科学、技术对社会产生的正负效应，及社会思潮对科学技术发展、推广传播的影响，最终改变科学和技术分离，科学、技术和社会脱节的状态，使科学、技术更好地造福于人类。

为了把这一新型教育的根本理念落到实处，李象益不辞辛苦，利用各种场合四处宣讲，不厌其烦地阐述说明。例如，他对"现代科技馆展示内容，要更加注重科技的未来发展与前瞻性"给出了更为具体的解读。这意味着展示内容应该具有"时代主题、社会热点、前沿科技、贴近生活"的内涵，从而使前瞻性这一理念得以具体落实。

他特别强调，科技馆应运用启发式教育，凸显在展教过程中实施启迪、引导，在激发青少年对科学的兴趣中进行深度学习。因此，科技馆要扔掉"请勿动手"的牌子，换之以"欢迎操作"，变被动学习为主动学习，引导青少年探索与发现；而且，科技馆要把这种彻底变革传统教育思想的理念，贯穿于展教的全过程。

我国的科技馆事业在迅速发展的同时，也出现了许多新情况和新问题。在李象益看来，国内的科技馆在建馆初期，从总体上说依然缺乏创新意识和创新措施，缺乏对科技馆创新理论和实践的深层次研究，不具备掌握现代科技馆展示和教育特征基础上的创新要素，因而也就缺乏在学习、借鉴国外科技馆创新内容和表现手法的基础上，进行"消化吸收"的能力。正因如此，我国科技馆的展品设置，许多尚存在简单"克隆"、主题雷同和同质化现象，对展示设置缺乏实用性研究，致使展示设计与运营管理脱节，对可持续发展遗留众多隐患。此外，科技馆普遍存在重视"硬件"（指展品）而忽视"软件"（指教育活动）的状况。

以上诸多问题，已成为制约我国科技馆事业初期发展的瓶颈。鉴于此，李象益认为相关决策者一定要把现代科技馆即"科学中心"的理念与目标搞清楚，准确地把握"建设什么样的科技馆""怎样建设科技馆"等根本问题。

学习借鉴国外科学教育创新理念，李象益在深入研究美国科学传播与教育的"2061计划"后，他分析说："'2061计划'是一项旨在提高美国全民科学素养的行动计划。其中有一个重要观点，即普及科学教育，不是盲目地增加教学内容，而是重视'通用概念'的教学。所谓'通用概念'，是指人类认识世界的基本框架与模式，包括系统、模型、稳定、变化形式、进化和规模等，其目的在于提高理解能力和创造性思维能力。"

正是在李象益的积极推动下，科学教育的一些浅显而深刻的基本理念，比如，强调主动学习与科学实践的"Hands-on"教育的理念，得以应用于科技馆教育。而他总结的科学探究的基本过程"提出问题、动手做实验、观察记录、解释讨论、得出结论、表达陈述"，既是对世界科学教育的"主动学习、过程教育、科学实践"理念的延展，也是支撑科技馆教育的最重要的理念。

> 李象益常常讲这样三句话："'听会忘记'（You hear, you forget）；'看能记住'（You see, you remember）；'做才能会'（You do, you learn）。"这种对人类认知规律的精辟总结，便是"Hands-on"教育的基石。

李象益注意到，世界科技馆事业正发生着深刻的变革：20世纪60年代，奥本海默创建旧金山探索馆的时候，主要展示以物理学为主的内容；20世纪70～80年代以后，展示的内容，开始以生命科学、环境科学、信息技术等当代高新技术和前沿科学为主；当时间进入21世纪初，互联网特别是移动互联网的发展与普及，使新媒体和虚拟现实等技术得到广泛应用，这给世界教育理念带来了创新性的变革，也使展示的内容更加多样化，科学教育进入了历史的新阶段。

有鉴于此，李象益认为，未来科技馆的发展趋势已经显现出来：在综合性科技馆不断发展的同时，主题馆、专业馆的发展应当受到关注；科技馆的展示内容，也会由基础科学向技术领域扩充，并且对科学技术与社会发展的互动作用越来越关注。因此，科技馆应当关注采用高技术手段推进深度学习，寻求以新的理念和综合技术应用来划分展区，以适应科普教育服务于时代的要求。在展示技术方面，由简单的机电一体化，进入综合运用现代信息技术，特别是模拟仿真技术、多媒体技术、虚拟现实（VR）等数字和新媒体技术的应用，会成为一种必然趋势。在展示方式方面，科技馆也会由传统的参与互动向体验式发展。总而言之，把科技馆建成探索体验中心，已经成为世界科技馆发展的一种新趋势。

提出创新方法推进"深度教育"

担任过中国科技馆馆长，又担任着中国自然博物馆协会理事长的李象益，时刻关注着全国科技馆建设的创新发展，积极推进科技馆建设理论的研究。

他认为，要科学地把握好科技馆建设的方向，加强对科普教育综合目标的再认知，从根本上真正实现奥本海默创建科学中心的理念：依然要归位于科技馆教育的根本目的是提高公众科学素养。这包括了公众对科学的理解，对科学的应用能力，对科学的态度（包括科学精神、科学思想和科学方法），以及公众应有的科学精神与价值观。

因此，他与北京师范大学科学传播与教育研究中心的李亦菲等人合作，提出了科学素养的综合模型。这个模型的价值，在于指导展示方案、展项和教育活动的创新设计，引领科学思想、方法以及科学精神与价值观的落实，用于评估展教方案和项目的创新度，引导在实践中实现创新原则、路径和方法。

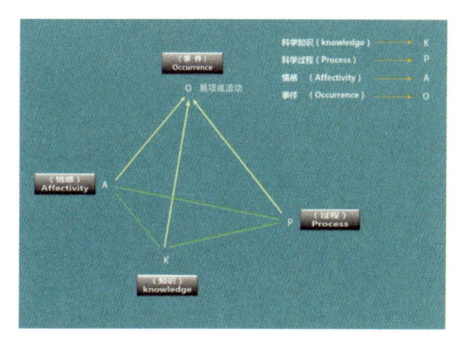

↑ 科学素养综合目标模型

李象益提出，在科普教育的实践中要注重运用"过程教育"。每一项科技成果的出现，都要经过若干从不认识到认识、从错误到正确的研究过程，其中就含有大量的科学思想与科学方法。运用"过程教育"的理念，是把科学教育从知识层面提升到科学思想与科学方法层面的最有操作性的手段。

此前，科普领域通常认为，在科技创新活动中很难体现科学精神，不仅将科学精神融入活动很难，评估参与者是否具有科学精神也很难。有鉴于此，李象益把科学精神的要素做了提炼，与李亦菲完成了《在科技创新活动中开展以科学精神评估》的研究。其精髓就是运用过程教育来体现科学精神。这项研究成果，后来被应用于团中央举办的"以科学精神评估青少年科技创新"的活动中，深化了青少年科技创新活动，遴选了一些富有科学精神的青少年创新者。

中国科学院推进的"高端科技资源科普化"工作，同样受到李象益的热切关注和支持。在研究室、实验室向公众和青少年开放的过程中，他也提出要运用"过程教育"理念，使公众学习、观察和体会到科学家是如何探索与发现的，又是如何在研究中体现科学思想与科学

> 李象益认为：创新是科学精神的核心；实事求是科学精神的基本要素；怀疑和批判意识是科学精神的内在要求；协同与合作是科学精神的支撑。同时，科学精神又体现为人的价值观念、思维方式和行为规范。

方法的，使高端科研资源科普化的相关活动，更加体现深度教育的价值。

当代科技发展更加趋向交叉、融合，更加关注知识的横向价值链。在李象益眼中，这就给了科技馆的发展以新的命题。科技馆要尽力摒弃单纯的、局限于某一学科的知识传播，而且要更加重视在以工程技术为中心的跨学科交互、融合中，推进传播科学思想与科学方法的深度学习。

在建设中国科技馆二期工程的过程中，李象益结合展项设计提出，要让每个设计者理解"提高公众科学素养"是一个综合目标，以更加明确科技馆对公众教育的内涵。或者说，科技馆不仅仅是要普及科学知识，而且是包含"科学素养"各项要求的综合目标的全面提高。他强调，每一个科技馆的教育工作者，都应该把"做中学""探究式教育""STEM""STEAM"等科学教育理念搞熟搞透，真正弄懂弄明白，才能使现代科技馆教育建立在扎实的科学教育的理论基础之上。

在我国的很多科技馆和其他科普场馆里，许多的青少年往往只是走马观花式地参观，这是一种"非正式教育"的理念；而在发达国家，学生们参观科普场馆，常常是有组织、有目的地学习，比如分组并围绕某一个展品开展讨论与研究，属于"非正规教育"的理念。如何让科普场馆的资源从"非正式教育"跃迁到"非正规教育"，有赖于科普界高举"深度教育"的大旗，大力推动"深度学习"。

为此，李象益引入了心理学中的"元认知"概念。他指出，科普不仅要让公众知道"是什么"，还要引导他们深入思考"为什么"，培养反思和总结的意识。科技馆教育经常说的一句话是"问题比答案更重要"，这就是"元认知"理念的体现。运用"元认知"理念，可以拓展设计思路，促进展教项目的深度设计，强化科技馆的教育效果，

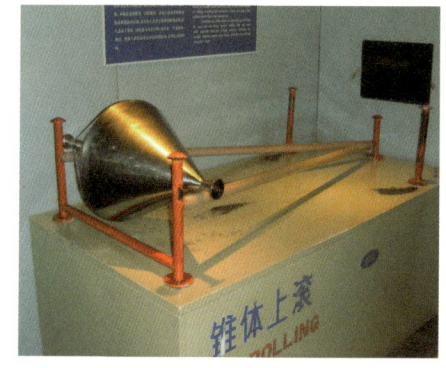

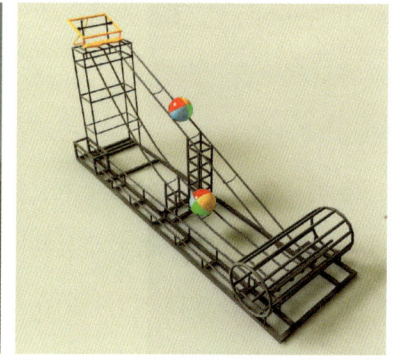

↑ 锥体上滚　　　　　　　　　　↑ 最速降线

促进人们对科学的深度理解。奥本海默创建探索馆时所设计的那些展品，如"锥体上滚""双曲线槽""最速降线""混沌摆""分形几何"等，都是以深度学习的理念体现科学思想及科学方法的佳作。

他强调，要使科普教育内容和形式创新，必须体现人文关怀，研究如何调动公众的求知欲、情感、喜好，增强公众和展示之间亲和力的方法和措施。比如，编写引人入胜的说明牌；透彻、准确、清晰的辅导讲述；对新成果及新技术的运用；必要而恰当的场景结合等，都可以实现展示形式与内容完美相融。他提出，要更进一步运用"情境教育+体验教育+过程教育"的理念，实现展示内容与形式的最佳结合，推进深度学习目标的实现。

在谈及"什么是科普"的时候，李象益曾经说过这样一段话："有人常常把人文科学的现象，不加分析地说成是科普；但应该说，只有在人文科学中挖掘出自然科学的内涵，才能叫'做了科普'。举例而言，很多人都喜欢魔术表演，但魔术本身不是科普；只有挖掘出魔术中蕴含的心理学、力学、光学等科学原理，才称得上是做科普。"

为了说明魔术中蕴含的"心理诱导"原理，他有时会在科普讲座中表演一个小魔术：用一条小手绢，在众人面前不停地晃动，揉成一团后挤入一只拳头中，再张开手，手绢便消失不见了；正当大家感到惊讶困惑时，他平静地将谜底揭开，那就是他会在拳头里藏有一只"假手指"（做出大拇指样子的橡皮套），手绢会被藏在指套与真正的大拇指之间。而后，他还会进一步解释，很多魔术表演，正是利用心理学中的"非注意盲视"原理来设计的。魔术师会利用一些人类固有的思维习惯，来误导观众的注意力。这样一个穿插在科普讲座里的有趣小桥段，既鲜活地讲清了一个心理学概念，又深层次地揭示了手彩魔术中的心理学原理，并且让人了解了其中的科学内涵。

像这样的小道具，在他的"百宝箱"里还有不少。有些时候，他会让观众吹一个塑料薄膜的长筒，由于伯努利原理，如果嘴紧贴着筒口，这个长筒反而很难被吹起来。这种"违反常识"的现象，就可以让观众们领悟到解决问题的科学思维和科学方法。

随着对科普理论的研究越发深入，李象益意识到，在知识激增与快节奏生活的时代，需要一种适合现代人需求的学习形态。或者说，美国学者罗伯特·梅纳德·哈钦斯（Robert Maynard Hutchins）发表于1968年的专著《学习化社会》、美国卡耐基高等教育委员会发表于1973年的《迈向学习社会》等专著中提出的关于学习的革命性观点，

↑ 以习惯思维吹口袋　　　　↑ 以伯努利原理吹口袋

应该体现在科技教育创新之中。

为此,他与李亦菲等共同研究,提出了新的学习形态的理念,即"系统性随机学习形态"。它强调为完成预先设定的、实用的学习目标,利用系列化的学习材料和工具,在随机的时间和场所中,获得系统的知识和技能的学习形态。其特点是强调学习的实用化与应用性,具有系统的学习材料或工具,具有小单元和模块化的设计特征,以及形式多样化的学习方式。

2001年9月,在人民大会堂举行的"学习型社区促进工程"新闻发布会上,李象益和李亦菲将"系统性随机学习"的理念,引入科普教育的创新活动中,引起了社会的广泛关注。很快,这一理念又在科技馆的主题式系列表演、展品教材的专题编著、系列的"动手做"活动、"科学互动剧"等项目中得到了应用。

紧跟时代步伐　传播创新理念

进入新世纪后,国际社会的创新理论发生了根本性转变,开始全面肯定并接受"系统论"以及动态的非线性交互型创新模式。如何把这些理念应用到科普教育与科普实践中,成为李象益十分关注的议题。

互联网技术的迅速发展,直接影响并改变着科普教育模式。李象益意识到必须及时应对这一变化,增强互联网思维与互联网意识,传播和引入国际社会风起云涌的教育变革。他很早就关注和研究美国新媒体联盟的《地平线报告》,因为这是美、欧、亚三大洲300多个教育及学习机构共同的研究成果。

《地平线报告》认为,在移动互联网背景下的新兴技术,呈现出

> 《地平线报告》是一项趋势研究成果。它认为,在移动互联网条件下,每年将有若干个新的技术,像太阳在地平线上冒出来那样出现,《地平线报告》即因此得名。这个报告集合了近10年来的研究成果,其中主要是新兴技术会对高等教育、基础教育、博物馆教育3个方面带来怎样影响的研究成果。

移动化、平民化、游戏化的发展趋势。这种由云计算、物联网、应用软件、电子书、草根视频等构成，并由增强现实技术以及平板电脑等提供支持的新兴技术的广泛应用，构成了随时、随地、随心所欲的"泛在学习"。有鉴于此，李象益在他多次讲演的报告《移动互联网下的教育变革》报告中指出，我国应该紧跟世界教育的潮流，将"泛在学习"等理念应用于科普教育，推进科普教育目标、机制、方法的全面变革。

事实上，从20世纪末起，他就开始跟踪世界科学教育发展的走向，并且坚持认为要重视科技馆理论建设以及互联网背景下的教育变革，提出加强实践与创新，推进科普深度学习。

他介绍了在美国举行的"探究地外文明"的大型科普探索活动。这项活动是运用互联网，采用"分格式计算"的方法，推动了大约500万人参与到探索地外文明实现的活动中，吸引了众多的公众对天文学研究的关注。

在分析这项活动的成功经验之后，李象益在多次演讲中，倡导人们关注移动互联网的平民特征，以"用户组织内容"（UCC）的理念，阐述公众不仅是科普内容的消费者，而且是科普的创造者，以此推动科普的大众化。在新媒体技术运用方面，他以瑞士的"爱因斯坦展"为例，推荐以"富媒体"、功能媒体、呈现媒体、社交媒体的集成应用，推进科普的深度学习。

↑ 探索地外文明频谱

李象益提倡以"互联网+科普"的深度融合，深层次理解互联网与科普的关系。他经常以"翻转课堂"为例阐述这一观点：孟加拉裔美国人萨尔曼·可汗（Salman Khan）创建的"可汗学院"，以大量的网络"微视频"颠覆了传统的课堂教学。这些"微视频"中包含了知识点，使人们可以通过自学搞清知识点的道理；一些大学将"可汗学院"的资源定作教材，学生们可以先弄清知识点，再到课堂上进行交流，老师则负责答疑解惑。这种先对知识点进行"浅阅读"，再到课堂上进行深入讨论达到"深度理解"的教学模式，被李象益认为有利于个性化的教育。或者说，互联网特别是移动互联网条件下的技术"深度融合"，不是简单的技术应用，而是把教育理念和目标做了提升。

2012年，在研究了美国趋势专家丹尼尔·平克（Daniel Pink）所著的《全新思维》一书后，李象益十分兴奋，彻夜思考应该如何把它应用到科普教育当中。不久，他以《全新思维与世界科普教育新走向》为题，做了多场报告，传播科普教育发展的新趋势，将平克提出的由信息时代迈向创意时代所需要的"全新思维"的6种能力，即设计力、故事力、交响力、共情感、趣味感、价值感，联系科普实践，进行生动而准确的阐述。他创造性地将全新思维的观点与科学素养进行了对比研究，提出世界科普教育的发展趋势，就是将人文科学与自然科学相结合，更加注重创造力的开发。他赞同世界科普教育出现的一个新走向，就是从青少年开始就更加关注"启迪好奇

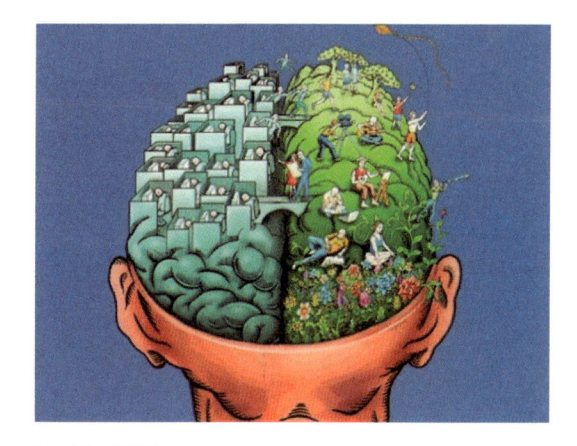

↑《全新思维》

心，培育想象力，激发创造力"的教育，并提出这应当成为推进创造力开发教育的重要依据。

随着国家提出"大众创业、万众创新"的战略，科普教育得到了新的契机。李象益觉得，想要让科普为创新驱动发展战略服务，就要在培养创新人才的社会基础上下功夫。

作为国内最早开展创客教育宣传的专家之一，李象益认为，对创客教育的内涵、本质，与青少年科技创新活动的基础、目标、理念上的差异必须搞清楚。只有解决好这些问题，才能从根本上去理解创客教育的本质，有针对性地推动创客教育。

他深入研究了创客教育的理论基础、实践基础和技术基础，提出了"创客教育是 DIY 教育思想提升"的观点。他说，创客教育是 DIY 教育目标理念的提升，实践手段更加趋向于国家创新驱动战略，它有着更高的附加值；创客教育体现着开源、开放、合作、共享的精神文化与理念，也将为实现"大众创业、万众创新"的战略，铸建培养创新人才的社会基础，做出新贡献。

在这个观点的基础上，李象益进一步阐述了创客教育与青少年科技创新活动有着共同的基础，是一脉相承的。然而，青少年科技创新教育，往往是"从已知到已知"，而创客教育更加强调解决"从 0 到 1"的问题，或者说强调"从已知到未知"，开发人的创造力，而不是解决"1 到 100"的问题。有鉴于这样的区别，创客教育的教材编制以及教育的启迪过程，应当更加强调在开发青少年的创造力上下功夫。

李象益就是这样，不断引进和吸收科学教育前沿的最新理念，进行深入的研究，再将它们运用于科普教育，推动科普教育的深化发展。

2011 年，他牵头联合中国科技馆、上海科技馆、广东科学中心等 8 家科技馆，开展了《科普场馆展览与展项创新设计的理念、方法与对策》的研究，运用《国际创新理论的新突破》等理论，有针对性地解决我国的科技馆建设中存在的"展示同质性"等问题，并且提出了应当更加强调运用"非线性、动态、交互主题设计模式"等解决途径。

此外，他还牵头组织开展了多项专题研究，在国内外刊物及国际会议上发表数十篇论文，系统阐述我国的科技馆建设方向，进行了相关科普教育理论的研究。

李象益热爱科技馆事业这方热土。他始终站在世界科技馆发展前沿，密切关注世界科技馆发展的方向。他把世界科学教育的最新理念不断引入国内科普实践。在科普与科技馆业界的人们，都盛赞他孜孜不倦的学习精神，对这位科普学术战线上的引领者满怀着敬慕之情。

第十一章 科普征程扬帆再起

> 科学发展与技术进步，科学体系的不断细化与彼此交叉，成为科技馆在 21 世纪面临的新挑战。当人类向诸多**全新的科学领域**深入探索，揭开越来越多**谜团**的时候，**科技馆**如何能**不落后于时代**？最前沿的**科研成果**，如何转化为**科普资源**，让人们**认识到它们的价值**？一个个被誉为"国之重器"的惊人的工程，如何"装进"科技馆的展厅？历经时间考验的**经典展品**，如何与**虚拟现实、增强现实**等信息时代的**技术接驳**？
>
> 八旬高龄的**李象益**，仍然站在**科普事业的**最前列。**情系科技馆**的他，才是一位**永不停歇的**科普"解题人"。

载誉归来掀起"李象益热"

李象益获得"卡林加奖"的喜讯，传遍了大江南北。

一时间，邀请他参加座谈会、科普报告，以及媒体采访的邀约纷至沓来。

仅在2014年一年间，他就接受主流媒体采访20余场次，中央电视台、北京电视台和北京科技网、腾讯网等媒体，都给他做了专题采访报道。他赴北京、天津、江苏、浙江、陕西等省市作巡回科普报告70多场次，听众达5万人次。

奔波于全国各地的辛苦劳顿，加上他患有"重症肌无力"等疾病，

↑ 在中国科协召开的"李象益科普事迹报告会"上

每每让李象益感到身心交瘁。他说："我有时也想过，自己是不是应该学会适当的拒绝。"然而，凡事都要亲力亲为、认真对待的他，没有在困难前面退却的理由和习惯。科普就是他的一切，是他生命的活力、奋斗的动力、前行的推力，也是他作为一名科普工作者的宿命。全力以赴做好科普，是他的一份责任，也是一种担当。

在全国各大城市，李象益时常在肩上挎着一个黑色的电脑包，忙着各种"科普活儿"：科普报告、评审、考察、咨询等；口袋里的手机还不时响起，不断有新的科普事务。可以说，他说的、想的、做的，甚至梦见的，都是与科普相关的事儿。正如一则报道中所描述的那样："他不是在赶往约定的采访地点，就是在电视录制现场，或者科普报告会的现场。"为了节省时间，年近八旬的他在京参加活动，仍然是自己开车。

一位记者写道："这是一位长者，能给人一种特别敬业的科普'范'，随性轻松与利落紧张并存。在他随身带着的计算机和科普百宝箱里，幻灯片和科普演示道具展示着科普的魅力。虽说他已是七旬过半，白发苍苍，但说起科普，仍然特别兴奋。你根本看不出他的实际年龄；你能看到的，是他对科普事业的满腔热忱，对未来科技发展的美好期待。"

一位记者详细描述了采访中的一个细节："落座后，他在沙发上不断调整着坐姿，因为肩周疼痛，他需要借助沙发靠背，给自己一个足够舒适的身体支撑。采访中，他的电话一再响起，谈的都是邀请他做报告的事，或者商讨讲座细节问题。他一再表示歉意后，再次中断了采访，一通长途电话后，他说某省科协系统组织了一场讲座，明天一早就要坐火车过去，晚上要将讲稿赶出来。"

直白的记录里，涌动着一个老科普专家炽热的事业心。

2014年初，人们都在做着迎接新春佳节的准备，天津大剧场国际会议厅内却是座无虚席。在那里，李象益几乎一直站着做了两个小时的报告，依然声音洪亮、中气十足。为了让公众听得更明白、更仔细，他一边演讲，一边演示，用缩放球、错觉画等道具，形象地揭示科普展品的奇妙所在。他从"认知和元认知"理论，讲到如何构建"展项——知识——过程——情感"立体模型；从"STEM"及"STEAM"的最新教育创新理论，讲到"创客"文化。在这场报告里，理论与实践相融，对现实问题的探索与最新的学术成果交汇，逻辑清晰，观点鲜明，充分展示了科普教育的当下状况和美好前景。最后，他还与听众互动，细心解答了听众们的提问。"我75岁了，还没有75岁的感觉，把一生献给科普事业，是我最大的幸福！"他重复了自己在获颁"卡林加奖"时的演讲，为科普报告作结。精彩的报告，真情的告白，赢得了满场热烈的掌声。

天津市科协主席王静康院士听完全场报告，特地走上前，紧紧握着李象益的手说："科普工作太重要了，公众太需要了，大学的教授和研究生们都应该来听听。"随后，李象益又被邀请到天津大学与滨海新区等地做报告。

滨海新区科技局的一位干部，后来发来一封热情洋溢的信，里面是他写的一篇文章《科普竟能这么讲！》，他在这篇文章中写道："李教授的报告深入浅出，有理论有实践，醍醐灌顶，让人有茅塞顿开的感觉，给新区科普教育带来了新鲜感，让我们体会到了科普的无穷魅力，获得了前所未有的启迪。听了报告，我始终沉浸在攀登科普工作新高峰的激动中。"

永不退休的科普人

有记者曾经问过李象益："您是怎么认识科普，又是怎么做科普的？"他说："在科普这件事情上，我不仅要做'命题者'，更要做'解题人'。22年的科研经历给我奠定了很好的基础，就是给人家解题，找答案。"这正如《经济日报》对他专访报道时使用的标题所表达的那样，他是真正的科学传播者，致力于成为"永不退休的科普解题人"！

李象益常常说："做科普不能只要求别人创新，而要去告诉别人如何创新。"结合中国科普教育和科技馆的发展历程，他总是潜心研究科普理论和实践的新情况、新问题，力求在操作层面上找答案。无论是听他做的报告，还是看他写的文章，人们都能感受到李象益孜孜以求的用心。

李象益在美国考察时，发现许多科技馆中经常引导观众问"为什么"，而国内的教育，总是直接告诉观众"是什么"，这二者之间其实存在着很大的差别。他抓住这个问题请教心理学家，终于明白了这是心理学"元认知"理论的体现。认知是基本的智慧技能，而"元认知"是指认识的再认识，是一种深度学习，也是高级智慧技能。很快，他就把"元认知"概念引入科普，所谓"问题比答案更重要"，成为开展科普深度学习的一个基本理念。

"向别人学习"是李象益搞科普的一个秘诀。平时，他与一些学科专家交朋友，经常掏钱请别人喝茶，主动向他们学习"取经"，了解科技新知，把握科技动态。他说："只有这样，才不会落后，才不会老。科普，就是要在跨界中汲取营养。"

有一次，他看到《国际创新理论的七大进展》一文，很受启发，便结合科普进行研究。他把"创新是一个复杂的系统，创新的结果往

> 为什么李象益的科普报告里，总能有新的思路和新的观点？还是听听他自己怎么说吧。"在我眼里，科普本身没有行当，科普就是跨界思维，所以要不断地向别人学习。"

↑ 在天津国际会议大厅做科普报告

往是需求拉动起决定作用","创新呈现在一个非线性、动态、交互系统中""新的分类将引发新的创新"等观点引入科普实践，同时结合生动的实例，把这些先进理念落到在他的报告和创新设计中。

李象益就是这样，盯住新事物、把握新趋势，推动科普的理念创新。近10年来，他一直围绕"创新理念与创新方法推进科普教育创新发展"的主题，每年要进行数十场的科普报告。

他说："在30年的科普生涯中，我对科普有一个逐渐认识的过程。科普一个很大的特点，是与公众零距离接触。你搞得好坏，公众马上有反应。所以，要去研究公众的需求是什么，没有针对性的演讲，将会成为一种不受欢迎的说教。"正是带着这样的想法，他的报告里有科学知识和理论思想，有科技前沿进展，也有来自百姓生活的话题，浅显易懂，富有风趣，充满了哲学思维和方法论。

说到如何让听众更深刻地理解科普的内涵，他认为要精心地制作各种视频和图片，让听众受到感染并加以吸收，他通过生动、精选的视频和图片，将感性的视听变成听众自己的理性认识，这是他做科普的秘诀和方法。他对任何一张PPT都不放过，而是一遍遍地修改。对于最熟悉的内容，在报告前，也要一遍遍地准备。许多听众听了他的报告之后，都会深有感触地说："这位白发老人的讲法，就是和别人不一样。"

印度之行传播中国科普之声

按照"卡林加奖"的惯例，获奖者必须在第二年到印度访问，作面向公众的巡回科普报告。于是，2014年9月10日，应印度科技部和卡林加基金会邀请，李象益一行专程赴印度进行为期10天的交流访问，在新德里、布巴内斯瓦尔、孟买等地的科技馆、大学及中学，作巡回演讲。

抵达新德里的当天，印度科技部部长吉登德拉·辛格（Jitendra Singh）、副部长泰瑞玛拉查瑞·拉玛萨米（Thirumalachari Ramasami）会见了李象益。李象益详细地向印方介绍了中国科普事业发展、推动《科普法》《全民科学素质行动计划纲要》实施的情况，介绍了中国政府加强科普工作和创建科技馆体系建设的做法。辛格部长对中国政府重视科普表示钦佩，对如何做好科学家与公众之间的桥梁纽带表示

↑ 印度科技部部长辛格会见李象益

↑ 在印度巡回演讲

出浓厚的兴趣。他说，未来有机会的话，一定要实地考察一下中国科普事业的发展情况。

当晚，联合国教科文组织驻德里办事处、印度国家科技部在印度国家科学院召开新闻发布会，在隆重的仪式上，授予李象益"卡林加主席奖"。

随后，在印度国家科技馆，为李象益访印举行了隆重的报告会。印度科技部、国家铁道部、国家环保部等官员，以及科普专家、学者和各界代表等嘉宾数百人，聆听了题为《中国科技馆事业发展与实践》的主旨报告。中国首位"卡林加奖"获奖者的印度之行，受到印度媒体的广泛关注，电视、报纸、网站都进行了专门报道。

9月14日，在印度科技部的官员陪同下，李象益又来到卡林加基金会总部所在地欧迪莎省，会见了基金会全体成员，并参加了由基金会主办、欧迪莎州州长出席的庆祝李象益教授荣获"卡林加奖"的大会。

↑ 在印度联合国教科文组织办事处授予李象益"卡林加主席奖"

在当地的自然历史博物馆，李象益做了题为《未来属于拥有全新思维的人》的报告，大学、科研院所的专家学者，以及大学生和媒体记者 200 余人参加了报告会。由于他对世界科普教育前瞻性和引领性的演讲以及新鲜有趣的演示方式，使得原本计划只有一个小时的演讲，延长到了两个小时。一位在场的印度物理学家在提问时兴奋地说，他已经被新奇的演讲"搞疯了"，李教授的报告令人眼界大开！

印度之行的 10 天行程中，李象益访问了印度科技、教育机构，走访了基层中小学及博物馆、科技馆，受到了热烈的欢迎。听众的热情、同行的友情、科学传播的共鸣，让李象益深切感受到，科普和教育在中、印这两个具有浓厚传统文化的东方大国，都受到了政府与社会各界的高度重视。现代科技彰显的巨大影响力，创新发展所推动的社会进步，更让科学家、科技精英及其创新团队意识到了他们所担当的社会责任。这也从另一方面证明，从事科学普及和科学传播的、默默奉献的幕后英雄们，会永远受到人们的尊重。对中国、印度这样的公众科学素养相对还不高的大国而言，让全社会了解科普、关注科普、投入科普，具有更加重要的现实意义。

> 印度卡林加基金会主席说，李象益不仅为中国科普事业做出了突出贡献，此次访问，还带来了中国科普和科技馆事业发展的经验、当代前沿的科技馆理论及生动有趣的演示，展示了"不一样的科普"。

科普永远在路上

跟科普结缘，为科普打拼，因科普获奖，李象益奋进的脚步似乎一直也没有停驻。他满怀深情地说："科普工作者任重道远！科普永远在路上。"

获得"卡林加奖"之后的几年里，他继续思考着科普事业的未来，关注着科普教育中出现的新情况和新问题，潜心于科普教育的研究实践和创新理念的发展。在党和政府提出实施创新驱动发展战略，强调"科技创新是提高社会生产力和综合国力的战略支撑"，并且大力倡导"大众创业、万众创新"以来，他对这些战略的落实作了更多、更深入的思考。他首先想到的，是在科普界进一步推动"创客教育"，以推动创新人才培养，为创新驱动发展战略构建社会基础。

当许多人还只是刚刚听说"创客"这个名词时，李象益已经对此有了自己的见解，那就是让创客教育与科普相融合，打造新背景下科普教育的新天地。他在北京、天津、上海、广州、东莞、杭州、泰州、淮安、唐山等地连续举办报告会，讲述对创客教育的深入理解，剖析创客教育与科普教育创新的关系，并阐述创客教育对"双创"的影响。

他认为，创客教育从根本上说，是如何培养创新思维与创造力，这是科普创新的根本问题。他从美国IDEO创意公司出版的《设计思维》中寻求新的理念。《设计思维》提出：产生创意，就是确立需求拉动的基本理念。要从"需求调查、用户体验、需求分析、形成创意"的路径上，找到科学的方法。

2015年，年届77岁的李象益依然在全国各地巡讲。两个月间，他先后4次去往杭州，参加研讨会、做专题报告。4月27日上午，李象益在浙江嘉兴参加科技活动；下午，他出现在省科普工作会上，畅谈"创客文化"的发展脉络和特点、与科技创新关系、对科技馆创新教育的影响等；晚上，他又兴致勃勃地与人商议，如何在首次世界互联网大会举办地乌镇推进青少年创客教育的试点。

有一个时期，他集中参加了在绍兴、宁波、台州等地举办的科技活动，向领导干部、社会公众和青年学生阐述科普新观点。有人了解到他的夫人是杭州人，跟他提及，他风趣地说："我是杭州人的女婿，对于浙江的事，当然要全力支持。"

一年一度的世界互联网大会举世瞩目；民营经济活跃的浙江，在互联网经济上吃了"头口水"。面对新的"创客"浪潮，谁又能独领风骚呢？李象益预言，"互联网+科普"教育的深度融合，大有文章可做。2015年8月，他推荐李亦菲等人带领一支小分队，到乌镇一所小学开展试点。创客之花落户于世界互联网大会永久举办地，并且闪烁着新的火花。

移动互联网时代对科普提出了新的要求。在李象益看来，移动互联网时代应运而生，并基于此不断发展的新兴技术，是深化科普教育的重要支撑。在这一背景下的世界教育变革对科普的影响，应该做深度的探究。

对于"微视频"这样的新生事物，比尔·盖茨评价它是未来教育的一种新模式。而李象益认为，"微视频"不是简单的网络技术的应用，而在于它推进了个性化教育，这是在理念目标上的变革，是"互联网+科普"教育的深度融合。

他就是这样引导人们，去关注科普教育本质上的变革，倡导推进科普深度教育。他说："如今，公众对科普的诉求，已不只是停留在科学知识的层面上；他们更需要的，是以科学的思维、科学的思想和科学的方法，去科学地生活与工作，并创造美好的未来。"

伟大的时代，总会有精彩动人的故事相伴，而创造业绩的机会，总是留给了勤勤恳恳、扎实工作的人。

2015年7月间，李象益赴美国探亲，看望女儿一家。这本是一次享受天伦之乐的好机会，但他这个闲不住的人，几乎没有去消遣，而是接连跑了好几个科技类场馆。这些场馆，有的他去过几次，属于故地重游；更多的则是近年来新开馆的特色馆。这一次，他又开始关注"大科学"对科普和科技馆的影响。2016年5月19日，在北京召开的亚太地区科技馆协会（ASPAC）大会上，他做了题为"'大科学'视野下科技馆创新的未来"的特邀报告，系统阐述了他的观点，受到了业界的热忱关注。

他在报告中指出，自20世纪90年代以来，"大科学"的研究与发展，已经成为国际科技界的热议话题。由于跨学科综合性技术革命的到来，以"大科学"视野研究解决事关国家利益和人类共同命运的问题，成为一种时代的新趋势。所谓"大科学"视野，就是从系统的、整体的、宏观的视角去观察、认识、研究科学技术与人类发展的关系。

李象益认为，"大科学""国之重器"的属性，决定了科技馆引入"大科学"视野，将使科技馆的教育功能和价值取向，与人类社会和国家的创新发展紧密融合，有助于拉近公众与人类、社会、时代的共同命运的关系，使科技馆的教育更有效地服务于国家创新战略，适应于创新驱动发展战略和经济结构战略性调整。引入"大科学"视野，就是要使公众不仅关心切身利益，也要树立关切人类与社会长远发展的价值观。

不止于此，"大科学"视野还将提升科技馆目标理念的创新，推进科技馆教育内容更加宽泛，进而推动展教活动的多元化，带动跨学科、综合性教育内容的设置和传播。同时，有利于"互联网＋科普"的深度融合，促进"多媒体""跨媒体"等新媒体技术的应用。

李象益深信，引入"大科学"视野，由于有科学家持续、深入的参与，必将推动科技馆与科技工作者、科学家建立更加紧密的联盟，推动科技馆进一步建立社会化的新机制，最终将推动形成全民关注科学发展的氛围。这意味着，不仅是青少年，而且更多公众甚至专业人员也会被吸引，关心并参与到科技馆活动中，并促进科技馆的功能进一步向着"全民科学中心"发展。

> "大科学"研究的内容，大体包括了三个方面：第一类是"顶尖基础科学"，比如对撞机、暗物质、FAST射电望远镜、"天琴计划"（引力波探测）等；第二类是"战略先导科技"，包括核电建设、探月工程、"深蓝"计划（超级计算机）、托克马克装置（可控核聚变研究）等；第三类是"高端装备制造"，包括航空装备、航天装备、轨道交通装备、海洋装备、人工智能研究等。所有这些，都是对人类社会、国家创新有重大战略影响的"国之重器"。

近年来，人工智能异军突起，给人类社会带来了极大的震撼。李象益又投之以关切的目光。他想到中国要建设科技强国，就必须让公众了解什么是"科技创新主战场"，而"科技创新主战场"的重要领域正是人工智能。因此，他开始认真钻研人工智能的概念和发展趋势，比如人工智能中的神经网络算法，以及机器的"深度学习"作为一门技术，又怎样推动人工智能的再度崛起，形成人工智能的第三次发展高潮；他还高瞻远瞩地展望，这个领域必将迎来强人工智能以至于超人工智能的创新发展。2017年5月21日，他以《人工智能对科学教育的影响》为内容，在首都科学讲堂向公众做了科普报告。

"我的社会责任和担当，就应该是永远站在时代的前沿，引导科普在创新之路上迅跑……"在这场全新的科普报告之后，李象益如是说。他就是这样一个不知疲倦的探索者；在挚爱的科普领域，他永不停息地思考着、工作着、创造着。

他最爱说的一句话，也是他衷心的诺言："科普是一个永远创新、永无止境的事业，继续为它探索，就是我最大的幸福！"

李象益大事年谱

- 1938年10月30日，出生于四川省成都市。

- 1948年5月，随家迁至甘肃省兰州市。

- 1950年7月，毕业于兰州职工子弟小学。

- 1950年9月，考入西北师范学院附属中学。

- 1952年5月4日，加入中国新民主主义青年团（后改为中国共产主义青年团），任校团总支少年委员。

- 1954年10月，转学入北京市第三中学。

- 1956年8月，毕业于北京市第三中学，并考入北京航空学院（后改名为北京航空航天大学）航空喷气发动机设计系。

- 1959年9月，加入中国共产党。

- 1961年9月，北京航空学院（现北京航空航天大学）毕业并留校任教，在北航航空冲压发动机教研室（北航四研）从事科研工作。

- 1964年5月，由北航派遣到北京房山县（现为房山区）参加"四清"运动，担任吴庄"四清"工作队队长。

- 1965年9月，担任北航飞机系"五三"大班政治指导员。

- 1966年9月—1972年3月，在北航四研从事反导系统固体冲压发动机试验研究。

- 1972 年 3—9 月，河北省遵化县（现为遵化市）干校锻炼。

- 1972 年 9 月—1981 年 3 月，从事歼 -7 飞机喷气发动机加力燃烧室改型试验研究。

- 1980 年 2 月，作为"涡喷 7 甲 II 型加力燃烧室改型试验研究"项目负责人，获"国防工办重大技术改进成果协作一等奖"及"航天工业部科技成果二、三等奖"部委科技奖励。

- 1981 年 3 月，赴美国休斯顿出席第二十六届国际燃气轮机会议，并宣读研究论文。

- 1983 年 9 月，调入中国科技馆参与建馆创建工作。

- 1985 年 1 月，被任命为中国科技馆党委副书记、副馆长，负责建馆业务工作。

- 1985 年 7 月，田春茂、李象益担任正副团长，赴日本考察访问，访问了东京、横滨、名古屋、奈良、大阪、神户、仙台、札幌等城市的 11 个科技馆。

- 1986 年 5 月，李象益代表设计团队向中国科技馆筹委员会及书记处汇报《中国科技馆一期工程展览内容初步设计大纲》

- 随后，田春茂、李象益向中国科协主席钱学森和中国科协书记处书记鲍奕珊汇报《中国科技馆一期工程展览内容初步设计大纲》。

- 1986 年 8 月—1987 年 6 月，参加中央机关讲师团，担任山西省吕梁分团团长赴吕梁地区开展"支教"工作。在支教工作中被评为"全国支教先进个人"，吕梁分团被评为"全国支教先进集体"。

- 1987 年 8 月，支教后重回中国科技馆，组织领导中国科技馆一期展厅展示工程建设。

- 1988 年 9 月 22 日，中国科技馆一期展厅建成开馆。

- 1991 年 9 月，调任中国科协科普工作部，先后担任副部长、代部长、部长。

- 1992 年春，在全国 200 个县首次组织开展了中国公民科学素质抽样调查。

- 1992 年 8 月，率团参加在日本召开的第一届"公众理解科学国际会议"。

- 1993 年 10 月，率团赴美国芝加哥出席"第二届公众理解科学国际会议"。

- 1994 年率团赴英国伦敦出席"第三届公众理解科学国际会议"。

- 1994 年，在中国科协科普工作部主持起草《关于加强科学技术普及工作若干意见》，由科技部审定。同年 12 月 5 日，中共中央、国务院正式公布并下发该文件。

- 1995 年 9 月 16 日，李象益作为大会组织者，在北京举办"第四届公众理解科学国际会议"。

- 1995 年 9 月，调任中国科技馆馆长。1995 年 10 月，启动中国科技馆二期建设工作。

- 1996 年 5 月，在中国科协第二届全国代表大会上，被评为第二届中国科协先进工作者。

- 1996 年 6 月，作为筹备"第一届世界科学中心大会"发起人之一，率团出席大会。

- 1997 年 6 月，在阿根廷布宜诺斯艾利斯当选国际博协科技馆委员会委员。

- 1998 年 9 月 3－5 日，发起、组织、策划"亚太科技中心协会（ASPAC）年会暨北京国际科学中心／科技馆学术研讨会"在中国科技馆召开。

- 1998 年 10 月，在澳大利亚墨尔本召开的国际博协第 18 届大会上，当选国际博协科技博物馆委员会副主席。

- 1999 年 12 月，评为"全国科普先进工作者"。

- 2000 年 1 月，作为"第二届世界科学中心大会"中国的执行委员，率团赴印度加尔各达出席了大会并宣读论文。

- 2000 年 3 月，率中国自然科学博物馆协会馆长八人，首次组团应邀出席在台湾高雄召开的"两岸科技博物馆学术交流大会"。

- 2000 年 4 月 29 日，中国科技馆二期建成，正式对外开放。温家宝总理等党和国家领导人出席开幕式。

- 2000 年 5 月退休。

- 2000 年 10 月，经中国自然科学博物馆协会第四次会员代表大会选举，任协会理事长。

- 2000 年 11 月 29 日，中国科协与北京师范大学共建"北京师范大学科学传播与教育研究中心"，董奇任主任、李象益担任常务副主任。

- 2000 年 12 月，被聘为第八届北京市人民政府专家顾问团顾问。

- 2001 年 5 月，在"第三届中国科学技术协会会员代表大会"上，被评为"先进工作者"。

- 2002年5月，被评为北京市科普工作先进个人。

- 2004年10月，在韩国首尔召开的"第20届国际博协大会"上，当选为国际博协执行委员，成为新中国成立以来第一位进入国际博协领导机构的中国人。

- 2004年12月，被《科学时报》评为"科普十大公众人物"。

- 2005年7月，组织中国自然科学博物馆协会在上海举办成立25周年纪念大会，国际博协主席亚历山德拉·库敏斯及中外嘉宾300多人参加会议。

- 2007年8月，在奥地利维也纳召开的"第21届国际博协大会"上，连任国际博协执委。在本届大会上，中国上海获得举办"第22届国际博协大会"主办权。

- 2010年5月，被评为"北京市科普先进工作者"。

- 2010年12月，在纪念"中国自然科学博物馆协会成立30周年大会"上，被授予"终身荣誉奖"。

- 2011年，担任北京市科学技术委员会科普工作顾问。

- 2012年，担任北京市科技教育促进会学术委员会副主任，指导并参与北京科技教师培训工作。

- 2012年5月，在"全国科技活动周首届科学传播人颁奖盛典"上，荣获"科学传播年度人物"称号。

- 2013年11月24日，在巴西里约热内卢召开的"第六届世界科学大会"上，荣获联合国教科文组织颁发的"卡林加科普奖"。该奖是世界科普领域最高奖，设立60多年来，第一位中国人荣获该奖。

- 2013年12月，被《中国科学报》评为"科技十大新闻人物"，并受聘"首席科学家"称号。

- 2014年9月10—19日，应印度科技部和卡林加基金会邀请，赴印度访问，并授予李象益"卡林加主席奖"。

- 2014—2015年，在全国各地做科普报告，每年近70场次，传播了现代科普理念和世界科普教育新走向，受到广泛欢迎。

- 退休前后，先后担任天津、上海、浙江、广东、宁波、安徽、河北、云南、内蒙古科技馆及恩格贝沙漠科学馆、军事博物馆等地科技馆总顾问、首席顾问及顾问。

参加了浙江、杭州、无锡、重庆、东莞、贵州、广西、芜湖、马鞍山、临沂等地科技馆的方案评审、咨询、策划等。

- 2016 年 5 月 19 日，在亚太科技中心协会（ASPAC）大会上做题为"大科学视野下的科技馆创新的未来"的特邀报告。
- 2016 年 1—12 月，在全国各地做了 50 余场科普科报告。
- 2017 年 5 月 12 日，在"首都科学讲堂"做题为"人工智能与深度学习对科普教育的影响"的专题报告。
- 2017 年 1—12 月，在全国各地做科普报告 40 余场，被媒体誉为"永不停息的科普人"。

心语：传主的话

出版社的同志希望我为本书写一点感言，我未做推辞便爽快地应允下来。3年前，季良纲同志应约开始撰写《科普年华》，收集整理编撰我30多年来的科普人生，几易其稿，今日终于可以与读者见面。感佩之余，着实想找一个机会说点心里话，故此心语为题，勉为后记。

2013年，我正在美国访问，意外地收到联合国教科文组织总干事伊瑞娜·博柯娃的一封信。在信中，她热情洋溢地祝贺我荣膺2013年度联合国教科文组织"卡林加科普奖"。这一被誉为科普界"诺贝尔奖"的奖项，我深知它的分量。静夜里，我曾多次想：为什么我能够获此奖项？最终，我想明白了，最根本的原因是我们的国家强大了，科普事业发展了。作为科普战线上的一名老兵，我只是做了自己应该做的一些实事。没有我的祖国和事业发展的大背景，我绝不可能获此殊荣。

1983年我由从事航空喷气发动机的研究、设计和教学的国防科研领域，转入到建设中国科技馆的行列，从此，与科普结下了不解之缘。在长达数十年的科普生涯中，我把科普当作自己理想追求的目标，与同事、战友们一起，付出了艰辛和汗水。科技馆是一个充满集体智慧、开拓创新的事业，没有几代人的努力，就没有我国科技馆事业的今天。荣誉应该属于所有为这个伟大事业拼搏、奉献、开拓进取的人们。可喜的是，在我国科技馆和科普事业发展的漫漫征程和峥嵘岁月里，一大批风华正茂的年轻人，在这个诱人的事业中砥砺奋进、探索耕耘，现在已经成为建设科普事业这个大厦的脊梁。

2000 年，我退休了。几十年的融入，使我无论如何割舍不下对科普事业的酷爱。我没有停息，在我退休之后的岁月里，在投入国际博协的 6 年工作中，以及参与协会、北京市、中科院京区多项科普工作之外，我有了更多的精力去为科普的理论创新做一些探索，让我又一次找到了人生的快乐，科普成了我生命活力的无尽源泉。记述科普人生这段历史，铭记那些日子，总结一点经验，珍藏一份记忆，以此能与更多的人，理解、支持、从事科普，积极投身到科普事业中共勉，正是本书出版的初心。

《科普年华》一书即将付梓了，首先我要感谢作者季良纲以及编辑杨虚杰、尹传红和马之恒等同志，他们将我零零散散的人生经历，收集整理，精心编撰成一串美好的回忆。

我要衷心感谢杨再石、李亦菲、刘正奎等我的挚友，他们把在学术上的许多造诣和成就，无私地指点、传授于我，他们是我在科普创新的路上不断求索、能永不停息地走下去的良师益友，这一切使我十分感动。借本书后记的篇幅，深表谢意！

我还要感谢黄泽梓、黄熙君、陈光、刘高恩、黄体茂、欧建成、田英、伍振家、邵杰、张承光、吴凡、王兴富、吴明、江洪波、吴晶平、周志颖、黄曦明、康宁、康金城、张浩青、赵慧娟、汪静等同志以及湖南省科协、中国科协企业创新服务中心为本书的编著、出版，做出的宝贵贡献。他们不仅为本书提供了翔实资料和史料，并付出了辛勤的劳动。对上述单位、个人所给予的热忱支持，谨致衷心的谢忱！

新时代的光芒照耀着科普事业的锦绣前程，科普事业这个永无止境、永远创新的事业,在新征程上,需要一代一代,薪火相传,这也更是本书所寄托的殷切希望吧!

李象益

2018年4月草就于北京